孩子成才的秘密

国家二级心理咨询师
青少年心理专家
刘先杰 著

浙江教育出版社·杭州

图书在版编目（CIP）数据

孩子成才的秘密 / 刘先杰著 . -- 杭州：浙江教育出版社 , 2021.11
ISBN 978-7-5722-2579-6

Ⅰ . ①孩… Ⅱ . ①刘… Ⅲ . ①家庭教育 Ⅳ . ① G78

中国版本图书馆 CIP 数据核字（2021）第 206619 号

责任编辑 赵清刚　**美术编辑** 韩　波
责任校对 马立改　**责任印务** 时小娟
产品经理 张金蓉　**特约编辑** 灵漠风

孩子成才的秘密
HAIZI CHENGCAI DE MIMI

著者　刘先杰

出版发行　浙江教育出版社
（杭州市天目山路 40 号　电话：0571-85170300-80928）
印　　刷　三河市中晟雅豪印务有限公司
开　　本　700mm × 980mm　1/16
成品尺寸　166mm × 235mm
印　　张　18
字　　数　220000
版　　次　2021 年 11 月第 1 版
印　　次　2021 年 11 月第 1 次印刷
标准书号　ISBN 978-7-5722-2579-6
定　　价　58.00 元

自 序

这是我的第一本书，从开始写到完稿，历时4年多。与其说是一本书，不如说是我的工作实践笔记，是我对家庭教育的所思、所悟、所为。

我不是作家，只是一名教育工作者，我的大部分时间都在为父母和孩子做咨询。

2016年年底，一位找我咨询的妈妈问我：“老师，你为什么不把你的心得体会录成音频或者写成书，让更多家长受益呢？”

彼时，我才有了录制课程的想法，这本书也就是从那个时候开始创作的。

可当我把录制的音频上传到各大音频平台的时候，反响很一般，前3个月几乎无人问津，就在我准备放弃的时候，开始有粉丝关注我了，慢慢地，每天新增十几个粉丝，这成了我继续分享的动力。

因为白天要忙着做各种咨询，外加心不够静，所以我只能在晚上进行创作，你现在所看到的每一个字、每一句话都是那个时候挑灯夜战的成果。

我庆幸当时做出了努力，因为有些文字注定只属于人生的某个阶段，错过了就再也不属于自己。就如同擦肩而过的两个人，错过就可能会遗憾终生。

所以，我很喜欢那一段岁月，它宛如一条小河静静流淌，平淡无奇但精彩纷呈，可以说那是我生命状态最好的岁月。

后来，关注我的粉丝越来越多。有一次，一个粉丝问我："老师，你能把你的课程的电子稿卖我一份吗？你的课程内容太好了，可我总是记不住，我想打印出来，慢慢学习。"

虽然我已经记不清这个家长的名字了，但心里是非常感激对方的，因为从那时候开始，我就萌生了将自己的教育理念出版为图书的想法。

课程的销量和播放量是我始料未及的，将我的家庭教育理念传进了千家万户。截至2021年5月，我在各大平台的粉丝总数已超500万，所有课程累计播放量超5亿次。

冥冥之中，仿佛总有一只无形的大手在推动着。这本书的问世绝非精心谋划，而是水到渠成。或许它无法令你惊艳，但里面的每一个字都带着沉甸甸的真诚，每一句话都饱含了教育的真相，一定能给你带来力量。

我无比期待这本书问世，因为它是我的心血，另一个重要的原因是，我希望自己可以通过它尽全力帮助更多迷茫的父母。

这几年，我收到过很多家长的求助信息。大量的信息砸过来，讲的都是孩子如何叛逆、如何任性，沉迷于游戏，跟家长对着干等问题，每当面对这些问题时，我只能无奈地叹息。

多少父母诚挚而迫切地对我说：“刘先杰老师，请你帮帮我，帮帮我的孩子。”就如同身患绝症的病人躺在病床上，绝望地哀求医生：“求求你，救救我吧，给多少钱我都愿意。”

但是当一个人的生命走到尽头时，钱真的能挽救他吗？

当面对孩子的种种问题时，父母四处去寻找解决方法的景象，多么像癌症晚期的病人在苦苦哀求医生。人类最大的悲哀之一就是遇到问题了才想起来找人帮忙。所以，作为父母，有些事情是需要提前了解的。而家庭教育，是最不能拖延的事情。

我在做了十几年青少年心理咨询之后，有一个直观的感受——养育孩子没有捷径，我们能够做的，就是多积累，了解家庭教育的本质，通过日常的练习改善自己与孩子的关系。

真正的高手所做的都是未雨绸缪，而不是亡羊补牢。如果等到孩子出现了各种问题，再想着去补救，那就来不及了。我常常说：“教育归根结底拼的还是父母的人生功底。”要想做不焦虑的父母，就一定要终身学习。

在本书中，我将从多个家长关心的问题入手，跟大家分享一些方法，并结合我多年以来经手过的青少年心理咨询案例，帮助大家摆脱养育孩子的焦虑。

有一点需要跟大家强调，学习一定要活学活用，要学会举一反三，否则你听再多课程、看再多书都是没用的。生活当中有那么多场景、那么多问题，我不可能针对每个场景、每个问题都给你写一套固定的话术，但你只要把我在书中写到的内容仔细思考一下，就会明白，不管是学习、生活习惯还是情绪管理，任何问题都可以用书中的方法来解决。

最后，我想要告诉你，你并不是在孤军奋战，因为“父母”这个角色本身就是不省心的，每一个父母都为孩子操碎了心。虽然孩子不同、父母不同，但操的心却是一样的。

我也想告诉每一位家长，真正好的家庭教育，不是拼命去改变孩子，让孩子成长为你期望的样子，而是你要和孩子共同成长。这也正是我创作这本书的初衷——你希望自己的孩子将来成为什么样的人，那么你自己就应该是什么样的人。

在阅读后面的内容之前，我想请你带上一把钥匙——“家庭教育的本质是经营孩子的精神世界，父母的观念不升级，孩子就永远活在黑暗里”。

这是打开亲子教育之门的钥匙，更是助你走进孩子内心世界、唤醒孩子的钥匙。

欢迎你来我的世界做客，请多多指教！

目 录

第一章 父母的认知：不要顶着一颗“过时”的脑袋教孩子

第二章 亲子沟通训练：如何把话说到孩子心里

第三章 如何培养孩子的社会能力

第四章 如何激发孩子的学习动力

第五章 行为养成：如何让孩子拥有好习惯

第六章　性格养成：如何培养自信、独立、内心强大的孩子

第七章　情绪引导：陪孩子走过叛逆期

父母的认知：

不要顶着一颗“过时”的脑袋教孩子

别做“赌徒”

做儿童心理咨询多年来，我接到过很多家长的求助。很多父母找到我，说孩子如何如何叛逆，比如情绪容易失控，沉迷于游戏，不愿意去学校……作为教育工作者，每当面对这些问题时，我只能无奈地叹息一声。

当孩子已经出现种种问题后，父母才开始想办法补救，找教育专家对孩子进行“修理”，这多么像病入膏肓的人在苦苦哀求医生。结果，花再多的钱，也无济于事。

人类最大的悲哀之一就是遇到问题了才想起来找人帮忙。所以，作为父母，有些道理是要提前学会的。

如果不能够早一些去教育孩子，那最后出了问题就只能自食其果。“侥幸”这两个字不知道害死了多少人。小偷盗窃，商人偷税漏税，强盗杀人越货……很多时候都是侥幸心理在作怪。放养孩子也是如此，如果孩子小的时候父母没有对其进行正确的教育，拿孩子的人生押宝，那就和赌博没有什么区别，这样的父母在我的眼里就是“赌徒”。

《富爸爸穷爸爸》这本书告诉我们一个投资理念：当你富有的时候，应该不断地从外面借钱回来；当你缺钱的时候，则不适合再向人借钱。这道出了富人致富的秘诀。

在教育孩子方面也是一样的：在孩子没有问题的时候，你应该大力地教育孩子；在孩子出现问题的时候，你应该尽量少教育孩子。这句话看似很矛盾，却蕴含着亲子教育的真谛。

怎么理解呢？很多父母在孩子出现问题的时候，才不惜下血本，报各种班，找各种专家，只求对方帮忙把孩子“修理”一遍；而在孩子没有问题的早期，别人劝他们学学怎样当一个合格的家长，他们却觉得没那个必要——当父母还需要学习吗？太费劲了吧！结果呢，最后只能往自己挖的深坑里跳。

我的话说得有些狠，这是因为我见过太多太多类似的案例。这番话，更多的是说给年轻的父母听的。聪明人总是懂得将别人撞得头破血流所得的教训转化成自己的经验，我相信各位都是聪明的人。

避免顶着一颗“过时”的脑袋教育孩子

随着信息时代和大数据时代的真正到来，人们获取知识的渠道变得多元化了。大家有一个明显的感觉，现在3岁的孩子比过去七八岁的孩子还要聪明，懂得还要多。最主要的原因就是见多识广，获取信息和知识的渠道变多了，书籍、电视，尤其是手机、电脑，已经成为孩子获取信息和知识的重要渠道。就拿我们成人来说吧，你会明显感觉到，三天不上网，仿佛与世隔绝了，会有一种被抛弃了的焦虑感。这也在一定程度上影响了孩子。

从智能手机走进千家万户开始，社会的发展速度就像坐上了火箭，日新月异，当你好不容易适应了某个事物时，却发现这个事物已经濒临淘汰。这就是这个时代的特色。

在这样的一个时代背景下，我们唯一能做的就是多学习、多思考。所以，父母一定要抱着跟孩子共同学习的心态，与孩子共同成长，甚至还要相互学习。

如果你是一个足不出户、不爱学习的家长，那请你管好孩子的温饱问题就行了，不要在孩子面前指手画脚了。因为孩子根本不会服你，他会打心底里认为你懂的没有他多，能当面不跟你顶嘴，已经很有素质了。

所以，要想做不焦虑的父母，就一定要终身学习。

很多人觉得，现在工作这么忙，哪有时间学习怎么教育孩子呢？

说到这里，我想引出一个观点——平衡的重要性。是选择家庭还是选择事业？没有标准答案，这要看你如何平衡。不平衡，就会失控；不平衡，就会有心理落差；不平衡，就会产生情绪；不平衡，就容易丧失理智。人的一生都在不断地平衡各种关系，比如事业与婚姻、欲望与责任、付出与索取等。生活不是硬币，只有正反两面；事业与教育孩子也并非完全对立的，这两者是可以达到平衡的。当然，这也是父母需要做的功课。

无论是在国内还是在国外，那些真正把孩子教育得非常好的父母，很少会为了孩子而放弃自己的事业。比如，教育家梁启超平时要处理的事务太多了，但他依然给大家留下了“一门三院士”的美谈。

当你觉得追求事业和教育孩子两者之间有冲突的时候，就说明了一个问题——你需要学习了。父母的恐惧和焦虑往往源于无知。很多父母来找我咨询时，张口闭口就是要方法、要答案，这就是病急乱投医的表现。

只有学习才能够帮你摆脱身为父母的焦虑。在教育孩子这件事情上，我们需要大量地学习和无数次地犯错，这是我们终身的课题。要想成为合格的父母，只能靠你自己。

真正的高手所做的都是未雨绸缪。等到事情发生了再去补救，就算再厉害，也为时已晚。要想让孩子变得更优秀，父母就需要在认知层面从小给孩子植入正确的观念，而且越早越好。这就需要父母平时潜移默化地影响和以身作则加以示范，也就是说，教育归根结底拼的是父母的人生功底。

“身教”的误区：你改变了，孩子真的会改变吗

我们可能都听说过“身教重于言教”这句话，但很多父母却未必能够理解它的真谛。

这句话到底是什么意思呢？它告诉我们，你希望自己的孩子将来成为什么样的人，那么你自己就应该是什么样的人。也就是说，父母要以身作则，用自己的行动来引导和改变孩子。这种“要求孩子做到的，家长首先要做到”的教育理念，也是我们一直提倡的。

意识到了自身对孩子的影响，有不少父母醍醐灌顶，立志要做新时代的好家长，成为孩子心目中最亲密的伙伴、最完美的父母。既然自己的一言一行时刻影响着孩子，那么，一定要弥补自身的缺点，要通过学习进行自我提升，做好孩子的领路人。

这看起来当然很好，但是，很多问题也就产生了。

有的父母告诉我：“我希望孩子作息规律，于是我每天早睡早起，很少在外应酬，按时回家；我希望孩子成为一个爱阅读的人，于是我疯狂买书，有时间就读书；我希望孩子多运动，于是我每天早起坚

持晨练，周末也会参加各种户外运动。我本想以身作则来影响孩子，结果却发现，孩子对我所做的一切熟视无睹、无动于衷，依然我行我素。”

很多父母开始质疑“身教重于言教”这句话的正确性，“我按照专家的建议，给孩子做好榜样，但孩子却没有半点改变，我真的失望透了”。甚至有的家长觉得自家孩子简直是“扶不起的阿斗”，已经到了无可救药的地步了。

看到上面这些例子，不知你作何感想。这样的例子在我们身边比比皆是，作为父母，我们是否真的静下心来思考过其中的原因？

当我第一次听到家长的这种埋怨时，我发现他们的话里带着浓浓的功利性和极度的心理不平衡。他们的潜台词是“我所做的这一切都是为了你，你怎么可以视而不见呢？难道你看不到我为了当好家长，付出了什么吗”。

这不禁让我想到了男女之间的关系，因为我爱你，所以你也要爱我；我爱你有多深，你就应该爱我有多深；我为你付出了，你也应该为我付出。可事实往往不是这样的，亲子关系更不是如此。

我想到了我的一个学生。从他出生那天起，妈妈就再也没有工作过，而是把所有的时间和精力都放在他身上。结果，他读到初中就再也不愿意去学校，因此辍学了。

得知消息，常年在外工作的父亲骂妈妈没用，一天到晚不知道在做些什么，全职在家教育孩子，竟然把孩子教育到了辍学的地步。

后来夫妻二人离婚了。离婚后妈妈把这一切不幸归因于孩子，跟孩子说：“这么多年，妈妈为你放弃了工作，放弃了社交，最后连你爸都离开我了，结果你这么不争气！你就没有一点内疚吗？真是烂泥扶不上墙……”

孩子歇斯底里地冲着妈妈吼道："你口口声声说是为我付出了一切，你觉得是我把你害成今天这个样子的，可你什么时候考虑过我的感受？我在你们眼里就是一件商品，被你们交易来交易去。现在投资失败了，回过头来怪我了。你们根本就不是真的爱我，都是为了你们自己！"

妈妈听完这番话，顿时感到很震惊。

在母子的这段对话里，让我印象最深刻的一个字眼就是"交易"。什么是"交易"？等价交换，以物换物。我给你东西，可以，但前提是你必须拿一样东西来换。要想让我白给，不可能。

在教育孩子的过程当中，有多少人是这个样子的？要想我带你旅游，可以，拿你好的考试成绩来换；要想我给你买礼物，可以，按照我说的去做；要想去做任何你自己想做的事情，可以，先把我交给你的任务完成……在这份爱里，掺杂了太多太多的条件。

当然，我们不是说不可以用这样的方法去激励孩子，但是当这些激励变成了交换，我们的亲子关系就染上了功利主义色彩。

什么是付出？真正的付出，是我对你的爱是没有条件的；为你所做的一切，都是我心甘情愿的。

再回到开头的话题上，什么是真正的"身教"？

真正的身教是一种自我完善，着眼点是自我成长，而不是去改变孩子；真正的身教，是为了遇见更好的自己，遇见那个会给自己带来愉悦感的自己；真正的身教，是"我享受作为父母的角色，我希望和你一起成长，变得更好"。

所以，孩子不会被强制改变，只会被影响。你是在不断地完善自己，还是在试图强制改变孩子，孩子一定能感受得到。当你的人格魅力不足以影响孩子的时候，只能说明一个问题，你做得还不够。

作为父母，我们应该明白，孩子主动改变，就如同我们自身的改变一样，绝非一朝一夕就可以实现的，他需要我们的理解、包容、鼓励和陪伴。

所以，请重拾你的耐心，不要太着急，也不要太功利。如果你还没有做好打持久战的心理准备，就很难称得上是优秀的父母。

警惕“散养孩子”的陷阱

现在很多人都提倡“快乐教育”“散养孩子”，提倡“释放孩子的天性”，这当然也无可厚非，但是，孔子在2000多年前就告诉了我们“过犹不及”这个道理。过度放任孩子，真的合适吗？

我经常听到很多年轻的父母这样讲：“我的孩子只要健康快乐就好了，我不想让他像我小时候一样承受那么多压力。学习上面过得去就可以了，也不指望他回回拿名次和奖项。至于兴趣班和辅导班，除非是孩子自己强烈要求去学习，否则我是绝不会给他报任何兴趣班和辅导班的。”相信不少家长也会为自己的这种“宽松、大度”的教育方式而自豪。当然，希望孩子健康快乐和拥有一个美好的童年，这样的想法我也是赞同的，对孩子的兴趣和爱好不去过多地操控和支配，看上去也没有问题。但是，这种想法和做法真的是百分之百正确的吗？

有一次，我和一位持有这种观点的妈妈聊天。这位妈妈跟我说：“刘先杰老师，我不给儿子立那么多规矩，不去过多地约束他，是因为不想压抑孩子的天性，只要他快乐就好，我不要求他一定要如何如何……”

当时孩子就坐在我和妈妈的旁边，我看了看孩子，然后问妈妈：“那你有没有想过将来要把孩子培养成一个什么样的人？或者说在你的心里面有没有一个具体的标准？”

听完之后，妈妈回应我说：“哎呀，我也没有什么具体的标准啦，我只知道我不想压抑孩子的天性，不想让他活得那么累，只要他健康快乐，我就心满意足啦！”

听完这位妈妈的回应，我心里面有很多感触。她的儿子才刚上初二，就辍学近半年了，理由就是不喜欢学校里面的老师，对学习提不起半点儿兴趣。当儿子第一次提出不去上学的时候，这位妈妈觉得儿子可能需要自我调整一下，休息几天就会主动返校，于是答应了。可没想到，儿子一休息就是近半年，这位妈妈实在是没辙了，才想起求助别人，于是找到了我。

我们见面的时候，我主动上前和母子二人打了声招呼，可孩子却一脸的满不在乎，没有讲一句话，直接从我的身旁绕过，到屋里找了个地方坐了下来。在我和他妈妈聊天的过程中，他一直是跷着二郎腿玩手机的状态。妈妈几次要求儿子放下手机，坐直了，可儿子没有半点配合的意思。那一刻，这位妈妈给我的感觉就是对儿子已经无能为力了。

后来从妈妈那里得知，孩子小学的时候学过吉他和围棋，而且都是自己提出来想学的。后来，也都是自己放弃了，父母也就听之任之，不学就不学了。当时我想，这应该就是散养的典型状态吧，让孩子发挥天性，随心所欲。可结果呢，孩子一次次放弃学习才艺的时候，父母都由着他。直到孩子不去上学，父母才慌了，这个时候怎么就不能由着他了？

一味地散养，真的可行吗？

孩子小的时候，他控制不住自己，容易转移注意力，容易放弃，在这个阶段，最需要的就是来自父母的他律。何谓“他律”？就是父母从旁约束和要求，帮助孩子做好自律。父母要帮助孩子慢慢地养成做成一件事所需要的品质，这样孩子才能在10岁以后逐步由他律慢慢地变为自律，否则，就会出现我们经常看到的情况：孩子对很多事情浅尝辄止，轻言放弃，任性而为，想一出是一出，不仅虚度时间，还浪费精力。

因此，当孩子提出要学习吉他和围棋的时候，妈妈要和孩子约法三章，定出学习的方式和时间，思考遇到困难时怎么处理，让孩子从感兴趣、好奇到真的静下心来学习钻研，直到有所得，充满成就感。借由这个过程让孩子培养耐心，学会在遇到瓶颈的时候如何鞭策和鼓励自己；学会在有所得的时候不自满，继续保持好奇心和探索精神；学会管理时间，懂得“付出一分努力才能获得一分成就”的道理。那么，孩子有了这些收获以后，在学业、事业上会不会更容易坚持呢？

再来反观一下，父母那种没有要求的教育，孩子真的会感激吗？小的时候，孩子可能觉得妈妈好，不逼他，不管他。等长大了以后呢？社会竞争是残酷的，他是否会把上司的正常要求当成对他的管束和不合理要求呢？当他想要自我控制却做不到的时候，是否会体验到更深的挫败感呢？这个时候，他可能会在心里埋怨：“父母当时那样纵容我，是真的为我好呢，还是并不是真的在意我？”你不操心，无所谓，随他便，你应该尽的责任却没有尽到，就会造成这种后果。

所以，我给各位父母的建议是：我们在给予孩子爱和自由的同时，要让孩子学会自我控制，这是教育中必不可少的一个环节。

我曾经接待过一个男孩和他的母亲。父亲在他很小的时候就去世了，母亲觉得没有给孩子一个完整的家，心里一直很愧疚，所以尽量满足孩子的一切要求。孩子的成绩也非常不错，一直稳定地保持在班级里面的前 5 名内。妈妈为了让孩子在学习上更出色，自从孩子读了初中以后，几乎每门功课都给孩子请家教，而且还是一对一的辅导形式。

一对一的辅导形式学费是比较贵的，于是我说："这样算下来，平时的花费，岂不是很高？"听完之后妈妈说："只要对孩子的学习有帮助，又没有超出我的能力范围，再贵我也愿意。"于是我又问："如果不给孩子请家教，他的成绩会下滑吗？或者说可不可以考虑给孩子少请几个家教？这样孩子既不用这么辛苦，又能保住成绩。"

妈妈叹了口气说："唉，没办法，孩子对他的多数老师都有意见，他觉得英语老师的教学思想太陈旧，不能因材施教，课堂上那点东西他都会了。于是，孩子就会利用老师讲课的时间自学一些别的内容。可老师因为孩子上课不听讲，就小题大做，说孩子不尊重他，还经常含沙射影地挖苦孩子，让孩子在同学面前很没有面子。"

听完之后，我点了一下头，然后继续追问："那别的老师呢？"妈妈说："他的数学老师留的作业经常是重复的，我儿子都会了，就不想写了。这种题海战术啊，真的是压制孩子的创造力，把孩子全都变成傻瓜了，我支持我儿子不写作业。数学老师没有办法了，就给我儿子穿小鞋，孩子上课积极举手发言，老师却从来不点他的名，所以孩子现在特别讨厌数学老师。"

于是我又问："那你有没有去找老师沟通一下呢？"妈妈说："我向班主任反映过，可没想到班主任竟然说：'你的孩子上课想听课就听，不想听就自己瞎琢磨，还经常不交作业，在班级里面造成了很不好的影响，很多同学都被你的孩子带坏了。你作为家长，非但不配合，反而纵容孩子。’最后还撂下一句话，‘我是管不了了，只要他不影响别的同学，就随他去吧！’”

在听完妈妈的陈述之后，我脑海里面出现的第一个词就是“任性”。首先，对于孩子身上的优点，我们当然是不能视而不见的，比如说他的学习成绩比较优秀。但我们再来设身处地地想一想，如果我们是孩子的数学老师或者英语老师，我们会喜欢这样的学生吗？不愿意跟着我的教学节奏走，自以为是，影响其他同学的学习，让我的教学工作受到挑战，浪费我的时间和心血……谁又能长时间忍受一个学生不断地挑战自己的权威呢？当然，我相信真正有智慧的老师有能力解决这些问题，可这样的老师并不多。更何况老师也绝非圣贤，对个别学生有些意见，也是人之常情。

再往长远想一下，孩子终归是要长大走上社会的，如果一直保持这样的行为习惯，谁会愿意当他的上司、同事或者下属呢？谁又会愿意和他做朋友、谈恋爱呢？

也许在社会上受的挫折多了，吃的苦头多了，会变得收敛一些。但与发自内心地进行自律不同的是，他的收敛是被动的，是因为失败和教训而不得已为之的，所以他往往不会真心接受，不会心甘情愿，而会充满抱怨、失望、无奈、愤懑。他是不成熟的，也是不自由的，最终的结果可想而知。

如果孩子一步步变成这样，我相信父母是逃脱不了干系的。

所以作为父母，一定不能忽视对孩子的自控和自律能力的培养。对于散养我不会做太多主观的评价，教育的方式千千万万，没有哪一种是绝对正确的，可我强烈反对打着“散养”的旗号放弃对孩子的教养责任。

因此，作为父母，一定要肩负起教育孩子的两大责任。

第一，要培养孩子作为社会人应有的能力。

比如，做事情要有条理、要提前规划、要有耐心和毅力等行为自律能力，对他人的关心、同情、友善和沟通互动等情感力。这些能力会影响孩子的世界观和价值观的形成，影响他对自我价值的界定，最终影响他对自己人生意义的判断，以及他对真正的快乐的感受能力。

第二，父母要帮助孩子循序渐进地学会自我控制。

这个世界上的很多事情都是以自我控制为前提的。有了自我控制，才谈得上责任和能力。能否做好自我控制，也是判断一个人心智是否成熟的标准。

如果父母不能让孩子认识到纪律和社会规范的重要性，放任孩子任性妄为，那就好比让一个人游走在法律的围墙之外，既得不到法律的保护，又容易伤害他人。因此，一定要帮助孩子学会自我控制。

爱孩子，不如爱对孩子

没有一个家长认为自己是不爱孩子的，但是很多家长在爱孩子上存在很多误区。爱孩子，不是一味地提供优质的物质生活，也不是满足孩子的所有要求，更不是对孩子百依百顺。可是在物质充裕的今天，我们最容易犯这些错误。

爱是一把双刃剑，爱对了孩子，会把孩子培育成才；爱错了孩子，将会毁了他的一生。所以大家一定不要在物质方面对孩子过于满足，更不要在精神上对孩子无限宠溺。

什么是正确的爱

正确的爱是理解和尊重。何为理解和尊重？就是承认每个孩子都是一个独立的、有思想的个体，他们渴望得到尊重，有权利按照自己的意愿发展。这就需要父母尊重孩子的意愿，尊重他们的个体差异，重视孩子的创造性，给孩子一定的话语权。

举个例子，如果父母看到孩子画了一个绿色的太阳，就急于向孩子证明太阳是红色的，这就不叫尊重孩子的创造性。再比如说，别的孩子 10 分钟能背会的内容，你非要逼着自己孩子也做到，这就不叫尊重个体差异。多数父母喜欢乖巧听话、循规蹈矩的孩子，而事实上每个孩子的兴趣爱好、行为习惯、气质个性等方面都有很大差异，父母要做的就是尊重孩子自身的特点，因材施教。

毕加索说过，每个孩子都是天生的艺术家。当孩子不愿意走在整齐的队伍里面，非要在队伍外面乱跑时，他只是在寻求另外一条到达目的地的路，或者是队伍外面的世界能够赋予他更多的感官刺激，从而使他获得更多的认知。当所有的孩子都坐在椅子上听课时，某个孩子却忽然笑起来，此刻或许他的脑袋里面出现了一幅奇异的画面，他正在感受想象中的画面。

对于某些不合拍的孩子，我们要懂得从另外的角度看待他们，从中找到闪光点。我们要呵护孩子的某种天分，充分尊重孩子的个体差异，发展孩子的个性，而不是依照传统的眼光对其不合拍之处一味扼杀。

给孩子话语权

父母不能总是把自己当话语的主导者，稍有不合就认为自己的权威受到了挑战。要给孩子表达的机会，要多倾听和理解，走进孩子的内心世界。这不仅可以鼓励孩子做他自己，更能够提升孩子的自信心和表达技巧。

父母可以仔细体会这句话："跟孩子在一起就是跟 1/3 的确定性和 2/3 的不确定性在一起。"这 2/3 的不确定性就是需要父母努力探寻和尝试的地方，需要我们充分尊重孩子的创造性和个体差异，把话语权还给孩子，创造条件去激发孩子各方面的主动性。

当然，由于孩子的身心发展还未成熟，所以在教育中我们要防止过分强调以孩子为中心，这中间的度需要父母在实践中逐渐把握。

别把孩子“爱”成了仇人

有一位妈妈向我分享了她和女儿之间的经历。

她女儿今年读初二，学习压力特别大，家庭作业做到晚上 11 点是常有的事情。妈妈非常心疼，于是时不时地到女儿的房间送些吃的喝的，还专门熬了汤给女儿补身体。可没想到，有一天晚上因为她进出女儿房间的次数太多，女儿竟然骂她犯贱。

妈妈听了之后内心非常受伤，但是害怕影响女儿的心情，就假装什么都没有听见，退出了房间。

这位妈妈在向我倾诉这件事情的时候是带着哭腔的。

看完这个案例，你一定觉得女儿太“没良心”了吧？我想告诉你的是，我见过很多这样的例子。

超额满足，会害了孩子

父母竭尽所能地爱孩子，孩子却把父母当成了“仇人”。为什么会出现这种情况呢?

现在的孩子在家庭中的地位无疑是历史上最高的。在咱们国家还没有实施开放二孩政策之前，很多孩子生活在“6+1”结构的家庭中，也就是说四个老人，加父母，再加一个孩子。这样的结构让孩子在家庭中的地位得到强化，孩子的事情绝对是家庭事务的重中之重。父母几乎把所有的希望都寄托在孩子身上，不允许孩子在成长的过程中出现半点差错，于是情不自禁地要给予孩子“超额满足”。

这种“超额满足”，看起来是给予，实际上却是剥夺——让孩子失去了自己成长的机会和权利。

有人把一些独生子女称为“草莓族”。什么意思呢?就是外表看起来色彩鲜艳，表层还疙疙瘩瘩的挺有个性，但是里面却苍白绵软，稍微一施压，就成一团稀泥。这个比喻非常贴切准确，和我经常说的“高智商、高敏感、高脆弱”有相似之处。

“草莓族”为什么会出现呢?是谁给了他们成长的温床?我想，很多父母都有责任。

我每年都会召集一些孩子举办冬令营。有不少孩子在入营之前就感冒了，所以我们会叮嘱父母把孩子要吃的药带上。在营地里，也会有生活老师提醒孩子按时吃药。即便我们已经无比细致了，依然会有不少父母一天给我们的生活老师打无数次电话，反复提醒他要注意的事项。更有父母因为不放心，大老远地跑到营地里亲自照顾孩子，安排孩子的饮食起居，然后依依不舍地离开。

我记得有一次刚好赶上一个孩子的生日，父母带着蛋糕和大量零食跑到营地里专门为孩子庆祝。结果来的时候太匆忙，把给孩子准备的礼物忘记了，父亲又特意回家给孩子取礼物，来回耗费了3个多小时。我记得很清楚，那位父亲取完礼物返回营地时，已经是晚上10点多了。

每次看到这样的场景，我的心情都很复杂，我非常理解大家有多么爱孩子，为了孩子愿意付出一切，看到孩子吃点儿苦，受点儿委屈，心里简直比刀割还要难受。可是，这样的付出，到底是爱孩子还是害孩子?

过度宠爱，会造就孩子的脆弱

网上曾经盛传一个段子：我要把我的女朋友宠上天，宠得她无法无天，让其他的男人都受不了她的臭脾气。因为她是我的女朋友，我不宠她谁宠她呢?

那么，我们是不是也要把自己的孩子宠上天，宠得他无法无天，让社会上其他人都受不了他的臭脾气?

在城市的街道上，我们经常会看到各种各样的流浪狗，它们浑身脏兮兮的，靠吃生活垃圾生存。它们当然不是天生就应该流浪的，它们曾经也是有家的，它们的主人曾经像对待自己的孩子一样细心地呵护着它们，给它们洗澡，定期修剪体毛、体检和注射疫苗。那时候的它们从来不用为生存而发愁，不用经受风吹日晒雨淋。它们以为，这样美好的日子会一直持续下去。

可万万没有想到，主人会无情地把它们抛弃，而且这一天来得这么突然，在它们毫无准备的时候，生活一下子从天堂跌到了地狱。从小过惯了被主人伺候的日子，而现在它们要开始独自生存了，一切都要从头学起。有时因为侵犯了其他流浪狗的地盘而遭到欺负，但它们必须学会适应，因为摆在它们面前的只有两条路：要么活下去，要么被淘汰出局。

这个世界上最残忍的就是你宠了我的前半生，却不能为我的后半生负责；你剪断了我的翅膀，却要我独立飞翔。

那些对孩子过度娇宠，一味代替包办、超额满足的父母，恰恰是最自私的一群人，满足了自我的情感需要，却忽视了孩子个人成长的权利，还美其名曰“爱孩子”。

我们如果去搜索相关新闻，会发现这样一些标题：“小学生不会剥鸡蛋，称没有见过带壳蛋”“整个班，只有 9 个孩子会系鞋带”“不会挑鱼刺，不会整理书包，鞋带系不上，老师感叹：这娃咋一届不如一届”。国家卫生部的数据显示，自杀在中国人死亡原因中居第 5 位，而 15 岁至 35 岁年龄段的人是自杀的主要群体。

当下的很多父母已经成为最复杂的矛盾综合体。什么意思？就是说他们一边认为孩子脆弱，一边又亲手培养了孩子的脆弱。

我们常说教育是一门艺术，为什么我们不说教育是技术呢？因为教育只可意会不可言传。教育的过程是无法量化的，无法总结为“第一步……第二步……第三步”的流程。孩子不是机器，无法按步骤进行精密的组装。

我想在这里送给大家一句话：“藏起一半爱。”父母爱孩子的心情当然可以理解，但请你把其中的一半爱放在心里，给孩子的人生留下自由的空间、独立思考的空间、独立解决问题的空间、独立面对挫折的空间。

丢了初心，就丢了一切

有一位记者采访了十几位年轻的父母，问他们："如果给您的孩子打分，以满分 100 分计算，您会打多少分呢？"

年轻的父母一个个开始细说起孩子轻微的不足之处，接着回答道："70 分吧。""85 分。""我觉得 90 分吧。"

再来看另一个镜头，记者对着正在玩耍的孩子们问道："如果让你给爸爸妈妈打分，满分是 100 分，你会给他们打多少分？"

孩子们抬起小脸，一个个奶声奶气地回答说："100 分，我给妈妈打 100 分！""我爸爸也是 100 分！"

年轻的父母看到宝宝们回答的视频，激动得泪流满面。

我想再追问大家另外一个问题："如果在你孩子刚出生的那一刻，问你同样的问题，你会打多少分呢？"我相信答案自在心中。

自然创造了万物，也赋予了万物不一样的属性。世上的人、事、物都是不完美的，这是个不争的事实。我们的孩子都有些缺点，也许贪玩，也许马虎，也许内向胆小，也许任性暴躁，但是这些特点却常常被父母拿来跟别的孩子比较。

接纳孩子的一切

我在之前提到过要尊重个体差异。在培养孩子的过程当中，最忌讳的就是拿着自己的孩子与别的孩子比较。比较最终会有三种结果，无论哪种结果都不利于教育孩子。假如你的孩子比别人好，你可能会因此沉浸在自我满足当中，看不到孩子身上更多的成长点；假如你的孩子和别的孩子差不多，有可能会助长你得过且过的心态；假如你的孩子比别的孩子差，你会开始焦虑，病急乱投医。

坦然接受孩子现在的一切，是教育好孩子的前提。不管你的孩子现在多大，处境有多糟糕，你都应该时刻用这句话提醒自己。坦然接受孩子的一切，并不是说无论孩子怎样你都不在乎，而是对孩子当下状况的一种接纳。接纳就好比一针镇静剂，能让你快速地从负面情绪中抽离出来，更好地去处理当下的问题。

你平时在生活中一定会有这样的感受，如果你特别不喜欢一个人，那么他的所有行为在你眼里都是有问题的。其实很多父母和孩子之间的关系就已经到了这样的地步，互相看对方不顺眼，一见面心里就堵得慌。我们常说“心门不开，方法不入”“亲其师，信其道”，如果你们之间的那份亲密感都已经被破坏了，你又如何给孩子真实的爱？

如何真正地接纳孩子呢？试着先把自己的标准收起来，把你架设在孩子四周的条条框框撤掉。这些条条框框本身就如同一个牢笼，你在外面，孩子在里面，你们彼此无法触碰。为什么我只是让你把标准先收起来，而不是告诉你不要标准？因为标准还是要有的，但不能过高。当你放低对一个人的要求和标准时，你会更容易接纳对方。如果你对孩子的要求是“只要孩子健健康康，我每天能够看到他，就心满意足了”的话，你就会发现孩子身上处处是亮点，你会越发喜欢他，也就更容易接纳他。

回到原点，找回爱孩子的初心

接纳是为了让你回到原点，回到孩子刚出生的那一刻。你还记得那一刻的心情吗？想想那是多么美妙的一刻。在那一刻，你觉得这是上天赐给你的最好的一份礼物，你觉得自己是世界上最幸福的人，你觉得自己的孩子是世界上最好的、最漂亮的、最可爱的。那一刻，你的眼里没有别人，只有孩子；那一刻，你的眼里没有条条框框，没有标准。那种感觉，我相信你一辈子都不会忘记。没错，接纳就是为了让你回到那一刻，因为在那一刻，你的爱最纯净，没有任何杂质。

但是不知道为什么，后来的你变了，你的要求越来越多，欲望越来越强烈。孩子成长的速度，似乎永远跟不上你的要求，你的欲望就像是一个无底洞，永远没有填满的时候。

慢慢地，你给孩子套上了一层又一层的标准，孩子根本就不是为自己而活，而是变成了一个帮你去实现欲望的工具。在这个过程中，如你心意还好，稍有不如意，轻则数落、谩骂，重则拳脚相加。你一天比一天焦虑、易怒，失控的次数越来越多，暴躁的频率也越来越高。

慢慢地，你把孩子推到了自己的对立面。你是多么擅长拿着放大镜，用挑剔的眼光来审视孩子啊。孩子在你的眼里再也不是上天赐给你的最好的礼物，再也不是这个世界上最好的、最漂亮的、最可爱的；你再也不认为自己是这个世界上最幸福的人了，你觉得自己太倒霉了，怎么摊上这么个孩子。

你有没有发现你变了呢?

我知道，接纳并不意味着问题得到解决，但是它却能够让你回归初心。要想修复任何一份感情，改善任何一段关系，都应该先从回归初心开始。爱胜过一切，陪伴胜过一切，当你与孩子的关系被破坏后，所有的引导教育都是无效的，这个时候就应该爱孩子、陪伴孩子。

如果孩子身上到处都是问题，那么一定是你出了问题

你一定会有这样的感受：当孩子身上有太多的问题让你操心时，你会慢慢地失去耐心，总会忍不住冲孩子发脾气。甚至有的父母还会自我调侃似的说："我上辈子是造了什么孽呀，怎么会生出你这么个不省心的熊玩意儿？"

在孩子成长的道路上，你会发现，让你由衷地感到开心的仿佛就只有那么几个短暂的瞬间：孩子出生了，孩子会爬了、会坐了，孩子会喊妈妈爸爸、会走路了，孩子上幼儿园了……更多的时候，都是让你感到焦虑、生气。

做父母，本身就不是一件省心的事，每天醒来，就要面对与孩子相关的各种问题，关注孩子身上的"不好"之处。

如果父母花 80% 的精力去关注孩子的不好……

如果父母花 80% 的精力去关注孩子的不好，会发生什么呢？我相信很多父母从来没有思考过这个问题，我也相信大多数父母平常都在做这样的事情。

我先分享一个统计结果：按照年龄 1 ～ 18 岁来算的话，有超过 79% 的父母在教育孩子方面感到身心疲惫，力不从心。其中大部分都要面对下面这一系列问题：

上课好动，注意力不集中；

学习被动，对学习没有积极性；

做事拖延，没有一点时间观念；

爱玩手机游戏，可以不吃不喝玩一整天；

脾气暴躁，一丁点小事就发脾气；

做事没耐心，总是三分钟热度；

懒散，不爱做家务，也从来不主动做家务；

不爱收拾东西，经常把屋子弄得乱糟糟的；

特别喜欢顶嘴，说不得他半点不好；

叛逆，总喜欢和大人对着干；

……

你不是在孤军奋战，几乎每个家庭都会遇到这样或者那样的问题，唯一的区别就是父母的关注点不同，看待问题的方法不同。

为什么有的父母可以平和地看待孩子的各类问题，有的父母觉得教育孩子让自己痛苦不堪？其实一切都缘自我们把精力和关注点放在哪里。如果你在教育孩子上经常会出现负面情绪，那一定是因为你看待问题的角度出现了问题。

认知决定情绪

心理学上有一个“情绪 ABC”理论，其中“A”代表某个事件，“C”代表我们的情绪。表面上，是事件 A 导致了情绪 C，比如，“发生了某件事情，我感到很生气”。A 指的是这件事情，C 是产生的情绪，也就是生气。

但事实上，事件 A 并不会直接触发情绪 C，在 A 与 C 之间其实有一座桥梁，就是 B。B 是我们对于事件 A 的认知，它才是诱发情绪的根本原因。

这就是为什么同样的一件事情，不同的人会产生不一样的感受。

比如，孩子努力了很久，考试成绩确实有了一点进步，但还是离目标很远。如果你觉得“虽然成绩不算好，但总算有起色了”，就会认可孩子的努力，鼓励孩子继续进步；如果你觉得“这样的成绩，以后怎么考上重点学校”，就会感到焦虑，失去耐心，孩子可能也会因此丧失信心。

再举个例子，孩子晚上 11 点才完成作业，你非常生气，埋怨孩子天天晚上这么拖拉磨蹭。那如果你能看到昨天晚上孩子是 11:10 完成的，今天晚上是 11 点完成的，比昨天晚上提前了 10 分钟，孩子今晚是有进步的，那么你就绝对不会产生那样的情绪。所以，负面情绪的产生一定是我们看待问题的角度出了问题。

认知决定情绪，情绪决定最终的结果。

有这样一个故事：狼群来到了一片水草丰美的草原上，结果一个猎物也没有发现。这时候狼群中的很多成员开始抱怨：“我们真是吃饱了撑的，跑这么远，结果扑了一场空，一点收获都没有！”就在大家纷纷气馁的时候，一个声音突然冒了出来：“大家不要气馁，我们眼前是这么一大片水草丰美的草原，难道我们还担心那些食草动物不会来吗？只要我们多一点耐心，等待我们的一定是享用不尽的美餐。”听了这一番话之后，整个狼群又变得精神抖擞、信心百倍。

《正面管教》的作者简·尼尔森博士说道：“因为我们在不知不觉中花了 80% 的时间和精力去关注孩子的不好，所以就看不到孩子的好。”而那些不好的会在不知不觉中被父母放大，同时也会让孩子感到沮丧和更加叛逆。

设想一下，如果我们反过来用 80% 的精力去关注孩子好的部分，又会发生什么呢？是不是那 20% 的不好就显得没有那么重要了？说到底还是父母如何选择的问题，你选择关注什么，就会看到什么，而那些被你关注的地方就会被放大，然后你又会发现孩子身上更多的好。

父母如何调整自己的认知

作为父母，我们应该如何来调整自身看问题的角度呢？在长期和孩子打交道的过程中，我总结了一些经验。

你一定要意识到，问题是永远解决不完的，再优秀的孩子也会有缺点。如果你总是盯着孩子身上的问题不放，那么就会被一个又一个问题打败，因此精疲力竭、心乱如麻。再优秀的孩子，也会被你揪住不放的一个又一个问题搞得灰头土脸，最终丧失自信。

作为一个青少年心理咨询工作者，我每年都会接触大量的孩子。说实在话，不可能每一个孩了都是真正让我喜欢的，甚至有的孩子会让我觉得有些心烦。这是一个客观存在的问题，我必须解决好这个问题。如果不能改变我对孩子的看法，这将成为摆在我和孩子之间的巨大障碍，影响我们的相处和沟通。

后来，因为一个孩子，我一下子越过了这个障碍。

2014 年冬令营，我带的是高中部，都是大孩子，很多孩子比我还要高一截。刚和他们接触时，孩子们都非常高冷，不苟言笑，他们会用一种审视和批判的眼光看待我这个新老师。甚至有的孩子还“坏坏”的，他就是故意不配合我，看我怎么收场。

我曾经是做成年人培训的，从老板到基层员工，各式各样的人我都接触过。但是孩子们和成年人不一样，尤其是上初中和高中的孩子，他们处于一种非常矛盾、叛逆的时期。如果你不了解他们的心理状态，就会觉得这些孩子很麻木，面无表情，无精打采，就好像看破了红尘一样，非常消极。

跟这样一群孩子相处，说不头疼肯定是假的。

我记得当时班级里有一个男孩，是被自己父母逼着来营地的，所以在学习的时候非常不配合，我作为老师都特别排斥与他打交道。直到第三天早晨，当我当着全班同学的面宣读另外一名老师写给这个男孩的赏识卡时，我偷瞄了他一眼，发现他的眼睛湿润了，整个人听得特别入神，我知道这一段话写到他心里面去了。

那张卡片上大概是这样写的：“我知道你是被父母逼着来的，你一定很不情愿坐在这里学习吧？可是通过前两天的相处，我发现你其实很有责任心，你并没有因为心里不爽就自暴自弃，胡乱应付任务，浪费自己的时间。你虽然表现得不以为意，但我知道你一直在学习，所以我觉得你是一个对自己非常负责任的人。我为你点赞！”

读完整张赏识卡之后，我上去给了这个男孩一个拥抱。那一刻，连我自己都忍不住落泪了。这件事情给了我特别大的触动，让我明白，这个世界上没有哪个人是铁石心肠的，对方之所以表现得如此冷漠和无所谓，是因为没有人懂他。在那个懂自己的人面前，我们每个人的内心都是柔软的。

这个年龄段的孩子们看起来像一只只冷冰冰的刺猬，可一旦你走入他们的内心，让他们接纳你，你就会发现他们非常有思想，他们有着属于他们那个年龄段的奇异世界，那里五彩斑斓，别有洞天。

那个男孩，在接下来的几天里，他整个人的状态都不一样了，慢慢地开始配合我讲课，最终和我们打成了一片。

这件事情令我感触很深，所以我常常告诫自己："与其说是我在教育孩子们，不如说是孩子们在帮助我成长，是孩子们帮我发现了那个更好的自己，也是孩子们让我意识到了自身的价值，更是孩子们让我找到了生命的意义！"

我想把这一段话修改一下，送给每一位父母："与其说是你在教育孩子，不如说是孩子在帮助你成长，是孩子帮你发现了那个更好的自己，也是孩子让你意识到了自身的价值，更是孩子让你找到了生命的意义！"

原则：找到三个值得嘉许的特质

自从经历了这件事情之后，我就给自己立下了一个原则：不管我接触的是什么类型的孩子，都必须第一时间从他身上找到三个值得我嘉许的特质。在往后的日子里，每天都想办法从孩子的行为当中寻找到能够证明这三个特质的一两个行为，然后把它们放大，并告诉孩子，不断地去强化孩子对自己这方面的认知，让孩子确信自己就是一个这样的人。

比如，我发现某个孩子虽然很内向，但身上有细心、善于思考的特质，我会多关注他的这个特质，并从他的行为上加以证明。我告诉他："这件事情别人都没有发现，只有你看到了，你真的很细心，而且善于思考。"

为什么要这样做？我就是要通过这个原则告诫自己，这个世界上任何一个孩子都有值得被嘉许的地方。而且，通过我的语言强化，孩子真的像我所赞美的那样，更加优秀了。

你也可以这样去做。当你能够坚持把焦点放在孩子身上值得嘉许的地方，并且每天从孩子的行为当中去寻找证据来证明这些特质，你会发现，你和孩子会相处得越来越好。

当然，我并不是说要掩盖孩子身上的一切问题。问题还是要解决，但是作为父母，你一定要明白，你才是一切问题的根源。你看问题的焦点落在了哪里，将直接决定你接下来会遇到什么样的问题。

你首先是自己，然后才是父母

在我看来，有自己的生活主要是指两方面：一方面，父母要维护好健康亲密的夫妻关系；另一方面，要努力让自己成为你希望孩子成为的那种人，而不是只要求孩子做这做那。

我想引用一句荣格的话："父母对孩子最坏的影响，莫过于让孩子觉得，他们的父母没有好好过日子。"从我的理解来说，这里面有两层意思：

第一层，父母对孩子的教育，最主要的是保持良好的夫妻关系，让孩子看到，在工作之外，你还能处理好自己和配偶的关系，并且这种关系是充满爱意的。

第二层，让孩子觉得父母有自己独特的价值，有自己努力和追求的东西。如果父母总是表现出"一切为了孩子"，孩子的反应就会是"一切都是为了满足父母"，这样的话，父母失去了自我，孩子同样也会失去自我。如果父母可以没有自己的生活，孩子自然会觉得他也可以没有自己的生活。

作为一名教育工作者，我特别反对一类父母的做法：打着“一切为了孩子”的旗号，让自己失去自我空间。表面上看是父母牺牲了自己，可实际上最后的结果往往是，孩子没有教育好，自己的生活也成了一团乱麻。

我曾经教过这样一名学生，他的爸爸是一名企业高管，收入很高，但平时非常忙。为了照顾家庭，妈妈就做起了全职太太。在孩子读书之前，整个家庭的氛围还算正常，但自从孩子进入三年级，家里就开始出现大大小小的矛盾，主要原因是孩子没有养成良好的生活和学习习惯，老爸因此特别不满意。

爸爸抱怨妈妈说：“这么多年了，我一个人辛辛苦苦在外赚钱养家，本来是想让你们娘俩过得轻松些。可没想到，你啥事儿都不用干，在家专门带孩子，居然都教不好！”

一开始，妻子还能够隐忍。可在孩子读了初中之后，进入成长爆发期，也就是我们常常提到的叛逆期，孩子沉迷于网络游戏，学习成绩一落千丈，而且性格古怪，几乎不和父母讲话。最后，孩子直接辍学，任凭谁劝都没有用。

孩子的父亲彻底爆发，言语间不给妻子留任何面子，把所有的过错都归咎到妻子头上。一向温顺、隐忍的妻子再也受不了了，夫妻二人上演了世纪大战，压抑在心中的所有情绪在那一刻彻底爆发出来。

妻子愤怒地对丈夫说：“你不要觉得拿钱回来就很了不起，这么多年来，我把自己的青春全部给了这个家，可你们有谁明白我内心的那份不甘和无奈？有本事，你留在家里，我出去赚钱！”

在这个案例中，我们发现，丈夫和妻子都觉得自己所做的一切都是为了这个家。可在我看来，不过是打着“一切为了这个家和孩子”的旗号，推卸自己未尽到的责任，为自己没能过好自己的生活找的借口罢了。

妻子觉得自己这些年活得憋屈，活得不值，把自己定义成了一个牺牲者；丈夫表面上看起来有自己的生活和工作，却忘记了自己作为一个丈夫和父亲，除了挣钱之外，还应该为家庭承担起其他的责任。

如果我们是案例中的孩子，会有怎样的感受呢？会如何看待自己的父母？

妈妈的付出会让孩子觉得非常压抑，仿佛今天的一切都是由孩子一手造成的，是孩子让她失去了自我。当这样的负罪感深深地笼罩在孩子身上，他如何轻装上阵呢？再看这位爸爸，他只忙着赚钱养家，与妻子和孩子没有任何情感上的交流，又怎么能成为孩子的榜样呢？

所以，我们一定要明白，孩子要的不是父母牺牲自己去成全他，而是一个成长道路上的榜样。父母把自己的生活过好了，活成希望孩子成为的那种人，对孩子而言，这才是最好的激励。

父母出现分歧怎么办

我曾经做过调查，发现至少有一半的父母在教育孩子时出现分歧。假如夫妻双方意见不一致，会对孩子造成什么影响呢？

有一位妈妈告诉我，她希望孩子放学后先完成作业，然后再玩，老公却说孩子在学校里面累了一天，应该先放松，后做作业；她认为孩子在暑假应该报辅导班，否则开学后就会跟不上，老公却说暑假就应该放松，不应该剥夺孩子玩耍的权利，要给孩子快乐的童年。

类似这样的情况，几乎每个家庭都会发生，小到穿衣吃饭，大到考试求学，由于父母教育观念不一致，导致孩子无所适从，不知道该听谁的。孩子长期在这样的分歧中成长，不仅自身的心理健康会受到影响，还会动摇父母在自己心目中的权威性，后面会有各种问题随之而来。

首先，父母意见分歧会影响孩子价值观的形成。所谓价值观，本质上是一种确信的感觉，是孩子对某些事情进行是非判断的标准。明确的价值观可以帮助孩子获得安全感，相反，则会让孩子很纠结、很矛盾、很无助。所以，如果父母经常在孩子面前争论，就会让孩子陷入左右为难的境地，孩子会失去那种确信的感觉，从而变得没有主见。

其次，父母意见分歧会让孩子产生轻微的罪恶感。如果父母经常当着孩子的面争论关于孩子的问题，孩子就会认为爸妈吵架是因他而起的，这会给孩子造成很大的心理负担，让孩子产生罪恶感，最终影响孩子的性格。

最后，父母意见分歧会影响孩子的情感智商。孩子是父母行为的“复印件”，从小就从父母身上学习处世模式，父母如何应对冲突，化解矛盾，如何表达自己的情绪，这些都是孩子现实版的教材，孩子往往都会照单全收。所以，如果父母经常当着孩子的面争论，自然会对孩子的行为、情商等产生影响。

夫妻双方应该如何解决以上问题呢？下面给大家四个建议：

1. 理解认知差异

每个人的成长经历都是不一样的，夫妻双方也不例外。由于原生家庭和成长环境的差异，我们对于教育自然有各自不同的观点。如果夫妻双方不能够正确地认识到这一点，一味地坚持己见，认为自己的观点才是对的，就偏离了养育孩子的主旨。在父母的争执中，孩子会成为人生最大的输家。

夫妻双方要试着站在对方的立场上考虑问题，理解认知层面的差异。对方并不是一定要跟你对着干，只是彼此对于事情的看法不同而已。只有理解这层含意，你才能够理解对方的所作所为。

一定要明白，理解和接纳是化解所有矛盾的前提。理解和接纳虽然并不能从根本上解决问题，却为解决问题创造了一种非常和谐的氛围，是我们迈向成功的第一步。

2. 共同学习，达成一致

在教育孩子上，最怕的就是故步自封、不思进取，顶着一颗“过时”的脑袋活在新时代。一起学习的好处就是夫妻二人可以统一教育观念，做到与时俱进。

今天是一个学习途径多样化的时代，可以一起去线下的课堂里学习，也可以在家里通过网络学习。我给大家的建议就是不管学习什么课程，不管跟着谁学习，尽量长期系统地学习。学习是持久战，只要坚持下来，你们必然会有收获。对家长来说，最重要的是提升自己在教育上的整体认知，而不是一味地找方法。

当夫妻双方的教育观念达成一致时，在教育的方法上自然就会形成默契。

3. 明确第一责任人

群龙不可无首，大到国家机构，小到团体组织乃至家庭，都需要有人去领导和管理，所以明确第一责任人是非常重要的。一个公司之所以要划分不同部门，每个部门找一个一把手，就是为了划分责任，明确第一责任人。其他人只是起辅助作用，至于拍板决策，则交给第一责任人。只有这样，遇到问题才知道找谁决策，出了问题才知道追究谁的责任。

家就相当于一个部门，教育孩子则是家人要一起面对的任务，如果每个人都想得到决策权，都觉得“应该由我说了算”，家里就会乱成一锅粥。最痛苦的是孩子，像个陀螺一样转来转去，最后，他也不知道该听谁的。

所以，家里一定要确定教育孩子的第一责任人，也就是说这件事情主要由谁负责。这个责任人一旦确定，需要拍板决策的时候，大家就应该听他的。这样可以避免教育观点不一致的时候产生激烈的矛盾。确定第一责任人之后，大家要约法三章，每个人都有发表言论和提建议的权利，至于最后的拍板决策，则交给第一责任人。

如何确立第一责任人呢？可以把一家人聚到一起，商讨出第一责任人。我建议家庭的第一责任人由母亲或者父亲来承担，而不是爷爷奶奶或是姥姥姥爷。

第一，相比长辈而言，孩子父母的成长速度往往是最快的；第二，这个世界上往往只有母亲可以无条件地为孩子做出任何改变。面对隔代教育的冲突，很多时候，只有母亲愿意承受巨大的压力。如果你想让这个家庭稳定、和谐，让孩子健康地成长，你就要勇敢地站出来做第一责任人。当然，如果爸爸有这个意愿，也完全可以。

4. 向外界寻求援助

有很多夫妻甚至因为意见不合而走到分道扬镳的地步。当夫妻双方感觉问题确实无法解决时，不妨向外界寻求援助。比如，可以咨询婚姻专家、心理专家、情感专家等。

虚心听取一些专家的意见，有助于夫妻双方正确客观地认识自己。我曾经也接触过不少这样的成功案例，所以这是一条比较有效的途径。

总之，当夫妻间有冲突的时候，应该予以重视，不要敌视也不要漠视。给自己机会，也给另一半机会，针对问题好好沟通，千万不要轻视小问题，不要任由情绪积压，否则日后会愈演愈烈。

“不忘初心，方得始终”，永远不要忘记两个人走到一起的初心。唯有愿意为了对方和家庭去改变自己，愿意终身成长，家庭才能越来越好。

如果教育孩子有捷径，那就是多积累

很多家长给我发信息说，每当听完我的课后，内心很激动，也充满力量，觉得自己学会如何与孩子相处了，在往后的日子里，有信心教育好孩子，当一名合格的父亲或母亲。可一旦继续面对和孩子的关系，遇到各种复杂的现实情况时，又开始迷茫，不知所措了。事先想好的话到了嘴边又咽了回去，不断提醒自己要控制好情绪，可还是忍不住对孩子发火，甚至大打出手。事后又特别自责，甚至有些气馁，觉得要想改变自己都这么难，又哪有什么能力去影响和教育孩子呢。

在教育孩子的过程中，很多父母都会有这种无力感和挫败感，一连串的负面情绪因此产生，各种问题也随之而来。

先给大家分享一个我的亲身经历。我从小酷爱书法，跟随老师学习了一段时间毛笔字之后，发现我始终写不好一个笔画，就是钩，于是我去请教老师。我问：“老师，为什么您写出来的钩这么漂亮，而我总是写不好？”老师说：“这不是一个简单的钩，而是 10 年以上的勤学苦练积累的结果。”

老师的话让我明白，做任何事情都没有捷径可走，就算是世界一流的大师亲自来教我，给予我最专业的指导，我也不可能一步登天。想要写出漂亮的钩，就要每天练习。无论学习什么，都需要脚踏实地地走路，一步都不能少。古圣先贤教育我们，“读书百遍，其义自见”，说得多么通俗易懂。学习没有什么太好的方法，如果有的话，可能就是多读几遍。可就是这么简单的事情，有几个人能做得到呢？

其实不是我们做不到，而是我们太急于求成。

在做青少年教育咨询和培训之前，我是一名企业培训师，平时培训的对象都是成人。在转型做青少年教育之后，我发现和别的老师相比，孩子并没有那么喜欢我。我去寻找原因，最终总结了三点：

第一，我太装，就是不够真实，总是一副高高在上的样子，用孩子的话说就是“真把自己当老师啦？我们认为你是老师，你才是老师；我们认为你不是，你就不是，是也不是”。

第二，我总是用对成人的方式对待孩子。有些道理，大人可以听得进去，孩子却未必。孩子最讨厌的往往就是我们身上的那股成人味、成人腔。正所谓“味不同，不相为谋”。

第三，我的穿衣打扮和他们格格不入。和孩子们相处久了，我们之间会无话不谈。很多孩子会直言不讳地跟我说：“刘先杰，你太老土了，你应该去买一件棒球服。”“刘先杰，这个发型不适合你，赶紧换了吧。”

结合以上三点，我把如何与孩子相处总结为一句话：“同衣才能够同味（这里指的是衣着的“衣”、味道的“味”），同味才能够同频，同频才能够同流，同流才能够交流。”自从我改变了与孩子相处的模式之后，发现自己越来越受欢迎了。

通过以上种种，大家有没有发现，任何一个人都不是天生就具备某种能力的。我们都是在不断地试错，在犯错和纠错的过程中慢慢提高的。只要我们有意识地去改变，再加上持之以恒的行动力，一段时间过后，当我们回过头看身后，就会看到累累硕果。

教育是一场持久战，比学习书法还要难，要想教育好孩子，就得不断积累。每天学习一点点，改变一点点，时间久了，必定会有大的成效。就怕三天打鱼两天晒网。教育孩子，不是说读完一本养育类的书，或者听完一堂亲子教育课，就改变几天；不是心血来潮了，就重视一下，热情退却了，又回归老样子。作为父母，如果你愿意不断地去积累和学习，不断地反思自己与孩子相处时不合理的行为，不断地进行练习，一定会有“柳暗花明”的一天。

学习一定是有用的。学习，顾名思义就是学和习的结合，“大量地学＋持之以恒地习”，才能成为合格的父母。

亲子沟通训练：

如何把话说到孩子心里

如何用语言唤醒孩子的生命力

什么是生命力呢？如果真要用理论解释，可以有上百成千种说法。

我想用一种场景来给大家解释，请大家想象一下自己特别投入、特别痴迷，甚至废寝忘食地做一件事情时的样子。想到了吗？那一刻的你就是极富生命力的。我把这样的时刻称为触及一个人精神兴奋点的时刻。这种状态也被称为“心流状态”。

那为什么生命力被唤醒的孩子才会有无限的可能性和潜力呢？举一个通俗易懂的例子。大家有没有发现哪一棵参天大树是靠着修修剪剪，每天为它浇水施肥，守候着长成的？几乎很少。原因何在？因为长成参天大树，那是它们自己的渴望，它们原本就想活成那个样子，它们的生命力一直处在被唤醒的状态。

反之，我们再来看看很多家庭的教育，一直在通过各种规则的约束、限制，要求孩子要乖、要懂事、要听话，可大家有没有想过这是不是孩子内心的真实渴望呢？

我想，这更多是父母希望的样子。

如果一个孩子一直活在父母的期望当中，一直被父母要求着行事，他的生命力就会一直沉睡着，不会被唤醒。他就像是行尸走肉，不知道自己要去哪里，要活成什么样子，完全任由别人摆布。试问一下，这样的孩子又怎么会有动力?

我相信很多人看到这里一定会忍不住反驳我：如果对孩子没有任何要求，没有约束，任其自由生长，那不就长歪了吗?那还要父母干什么?在孩子心智尚未成熟的时候，规范其行为，培养其正确的价值观，不正是父母该做的吗?

大家说得没错，在这一点上我们的想法是一致的。但我更想跟大家说的是如何实现的问题。

举个简单的例子，就拿让孩子自己起床这件事来说，有的父母采用的是威逼利诱的方式，不是催促、吼叫、打骂，就是各种奖励、诱惑。而有的父母则不同，他们更善于唤醒孩子的生命力。比如说，他们可能会告诉孩子："儿子，以前都是妈妈叫你起床，因为在妈妈看来那个时候你还没有长大，现在你已经是一个小男子汉了，在很多方面你都能够反过来照顾妈妈了，所以妈妈决定从下周开始，把起床这件事情交还给你，而且妈妈相信你一定可以做得非常好。你对自己有信心吗?"

大家发现两者的区别了吗?短时间来看，两者都达到了让孩子独立起床的目的，可前者不是孩子自己想要的，而后者则是孩子真正想要的。

为什么都在教育，可结果却不一样?在我看来，教育的终极目的是：唤醒一个人的生命力，让其产生向上之心、向善之心，一心向着光明。

这也给很多父母提了个醒，如果孩子长期需要在你的各种控制、要求和约束下才能够做某些事情，你就需要调整教育方式了。尤其是那些控制欲极强的父母，要格外注意，如果孩子总是按照你的意思行事，他可能在别人眼中活得也很滋润、很乖巧、很懂事，但他内心深处却可能觉得不是在为自己而活，总感觉虚幻、不踏实，甚至疲惫不堪，没有什么冲劲和动力。

这就是为什么很多乖孩子长大后没有很大的成就，而那些小时候调皮有个性的孩子，虽然成绩并不突出，长大后却做出了惊人的成就。

只有让孩子做自己，他心中的能量才能被激发、被点燃，才能充分地发挥自己的天赋和优势。

看到这里，或许很多人都蒙了，老师，那我到底要怎么做呢？被你说得我都不敢管孩子了。

大家不要着急，我的目的不是让你产生焦虑，更不是让你放手不管孩子，甚至都不敢管孩子了。而是让你明白，人性最本质的需求是渴望被看见。你不能一直靠着威逼利诱的方式让孩子活成你期望的样子，而是要努力唤醒孩子的向上之心和向善之心，让他想成为一个优秀的自己。

那具体该怎么做呢？请先记住一句话：看见孩子“渴望被看见”的需求。是不是有点绕？其实很容易理解，每个孩子都深深地渴望被看见。父母越是能够看到孩子身上“渴望被看见”的需求，孩子身上好的特质越会被激发出来。

武志红老师曾经说过一句话，我很认同：“生命力本质上只有一种，但当它被看见时，就成了好的生命力；当不被看见时，就会成为黑色生命力。”

比如，孩子总是没有时间观念，如果你老是批评、数落，或者催促他，那么孩子感受到的永远都是自己不够好，需要在别人的要求或者帮助下才会变得更好，这非但不能够让孩子产生想要变得更好的动力，还会放大他认为自己不够好的感受，产生深深的无力感。这个时候，孩子往往会选择拒绝成长，或者找理由逃避成长。因为从人性的角度来说，没有人喜欢被支配、被控制。

为什么家长的“威逼利诱”本质上并不起作用呢？很多家长会被这种做法的表象所迷惑，用“胡萝卜加大棒”的方式激励孩子，好像也能很快起效，但那只是假象，你一离开，孩子很可能就不是那个样子了。

驱动力口诀：如何激发孩子的内在动力

一粒种子，放对了环境，它就能生根发芽，长成参天大树；放错了环境，它就会毫无变化或者腐烂。孩子的生命力也是一样，它一直都在孩子的体内，被父母看见了，就生根发芽，反之就变成了黑色生命力。

所以，当孩子没有时间观念的时候，父母要能够看到他内在潜藏的动力：我的孩子一定是渴望自己有时间观念的，只是我没有用对方法，我没有看见他的这一个需求，我没有把他的这一份生命力唤醒。

要怎么做呢？记住两句口诀：第一句“闭上嘴巴，耐心等待”；第二句“睁开眼睛，用心观察”。

什么意思呢？就是在孩子没有时间观念的时候，管住自己的嘴，什么都不要说，什么都不要管，耐心等待。等什么？等孩子有时间观念的时候，就好比一粒种子在等待下雨。你要相信一个再没有时间观念的孩子，总有有时间观念的时候。比如说，一个孩子平常一点时间观念都没有，某一个周末，你说要带他出去玩，结果他早早地就准备好了，反过来等你。这就是你要等的时刻，这就是种子要发芽的时刻，这就是你唤醒孩子生命力的时刻。

这个时候你要告诉孩子："丫头，妈妈自始至终都相信你是一个有时间观念的孩子，这一点我是坚信不疑的。你知道吗？今天早晨我就从你的身上看到了，在没有我的任何提醒和要求之下，你就早早地做好了准备，反过来在等我。那一刻我心里特别开心，妈妈觉得你真的长大懂事了。丫头，你记住，守时是一种特别特别受人欢迎的品质！"

大家发现了没有？这就是唤醒，这就是看见，这就是"闭上嘴巴，耐心等待"。

试问一下，当你这样跟孩子说的时候，孩子感受到的是什么？你认为孩子会不会想要在这个点上做得更好？

有些父母总想着立竿见影、一劳永逸，那是不可能的，没有任何方式用一次就能管一辈子。再好的方式都需要大家不断重复，永远要相信重复的力量，不要指望立竿见影、一劳永逸。

所以，大家一定要耐心地等待时机，一次、两次、三次、十次、二十次，甚至更多。做了一次，发现有点效果，但是效果没想象中那么大，不必着急，再继续等待下一次时机的到来。当你每次都告诉孩子他是一个有时间观念的人，重复得多了后，孩子就会真的认为自己有时间观念，他的行为也会与他的认知一致，发自内心地遵守时间。

再说说第二句口诀：睁开眼睛，用心观察。

刚才我讲的是让大家等待时机，因为不管孩子在某一个方面有多差，他总有表现好的时候。那么除了等待时机之外，父母还要学会从日常生活的细微变化里看到孩子的进步。假设能做到这一点，那么你可以唤醒孩子的时机就会更多。

还是以孩子没有时间观念为例，比如说孩子每天晚上写作业都要到十一二点，父母除了可以等待孩子早早写完作业的那一天之外，还可以用心观察孩子在这个方面的细微变化和进步。

假设孩子昨天是 11:00 完成作业的，今天是 10:50，在普通父母眼里，这没有任何差别，所以，他们眼里的孩子总是那样糟糕。可在有智慧的父母的眼里，孩子已经进步了。这也正是所谓的“看见”。如果你不去用心观察，即便孩子进步了，你也视而不见。

再举几个例子，平常孩子写字都很潦草，今天有没有可能比昨天好一点点？孩子的书桌每天都很乱，今天有没有可能比昨天好一点点？

这些都是父母要去发现的，这些都是你唤醒孩子生命力的突破点。这个时候你就可以用我之前讲的方式唤醒孩子：“儿子，昨天你是 11 点完成作业的，今天是 10:50，比昨天提前了 10 分钟。妈妈始终坚信你有能力安排好自己写作业的时间，今天虽然只进步了 10 分钟，可是妈妈知道你一定做了不少努力，妈妈真的很替你开心！”

为什么我又啰里啰唆地说了一遍？就是给大家再做一次示范，希望大家真的能做到举一反三。你只要记住我讲的两句口诀：“闭上嘴巴，耐心等待；睁开眼睛，用心观察”，那么你就基本上找到了唤醒孩子生命力的钥匙。

避免“鼓励后遗症”：为什么越鼓励，孩子越叛逆

和很多父母聊天时，我经常会问：“你会经常鼓励孩子吗？”

结果只有少数人回答“会”，大部分家长会说：“他平时的行为和习惯，真的是找不到值得表扬的地方。”还有的家长会说：“小时候还挺可爱的，越大越惹人生气，说啥都不听，变着花样来气你。”

通常情况下，我会继续追问他们：“那你知道怎样鼓励孩子吗？”

大部分家长很自信，告诉我：“知道啊！”

我说：“那我们来模拟一下，你把我当成你的孩子，假设暑假前的期末考试我考得非常好，你来鼓励一下我，你会怎么说？”

听完他们的回答，我发现其实大部分的家长都不懂得怎么鼓励孩子。

正确的鼓励可以给予孩子信心和动力，错误的鼓励却会留下“鼓励后遗症”，越鼓励，孩子反而越叛逆。

有哪些方式会导致鼓励后遗症呢？

1. 明褒暗贬式鼓励

这类父母的口头禅通常是："不错哟！今天终于做对了。""太棒了，从现在开始可别再做错了！"

当孩子表现很好的时候，父母虽然心里满意，但嘴上却说："你看，你终于做了该做的事情，真是太阳从西边出来了！明天可别再忘了哟！"

这样的表扬听起来很勉强，而且隐含着批评，无形中打击了孩子的积极性，让他觉得好事做了也白做，反正爸妈的眼睛总是盯着自己的薄弱之处，好像永远都没有翻身的时候。

2. 攀比式鼓励

这类父母的口头禅通常是："儿子，你做得真棒，比 ×× 强多了。""哎呀，儿子，这次你老争气了，给妈妈赚足了面子，下次争取把他们都给比下去。"

比如，当孩子兴高采烈地拿着他在幼儿园画的画给父母看时，孩子的眼神很期待，父母却煞有介事地说："宝贝真棒，你一定是班上画得最好的！"

首先，班上的孩子各自条件不一样，起点也不同，拿孩子与别人比较，显然有失公平。其次，这种"攀比式鼓励"会让孩子产生无形的压力，今天你表扬孩子是班里最棒的，但万一明天他没能达到今天的水平，内心就会很沮丧。这种大而空的夸奖并不能让孩子拥有踏实的成就感，反而可能会助长他空中楼阁般的自信，也就是自负。他盲目地认为自己好，却不清楚到底好在哪里，不能客观地认识自己，也难以形成对事物进行恰当判断和分辨的能力。

3. 期待式鼓励

有些父母的鼓励模式是“明天会更好”，比如，“儿子，你太棒了！只要继续努力，我相信你下次还会考得更好！”“宝贝，你真是妈妈的骄傲！你以后一定还能得更多的奖！”他们将孩子以往取得的成绩整日挂在嘴上，时常唠叨，并且不断地给孩子树立新的目标，相信孩子身上还有无穷的潜力。

父母这样做的目的，无非是想用一次好成绩为孩子确立一个“高标准”，要求孩子每次都必须达到，否则就是“退步”。这样的表扬看起来是积极的，却会堆积成为孩子身上的“包袱”，长此以往，孩子会特别在意结果，患得患失，在很多机会面前不敢轻易尝试，害怕面对失败。这也就是为什么那么多孩子有玻璃心，仅仅是考试失利了，就自暴自弃、一蹶不振，甚至因此轻生。还有些孩子会因此而变得心理扭曲，见不得别人比自己好，最终产生嫉妒心理。这都是非常不利于孩子成长的。

4. 以偏概全式鼓励

有些父母在鼓励孩子时会说：“儿子，你太棒了！你简直就是个天才。”“宝贝，你居然考了第一，真是个绝顶聪明的孩子！”

这样的表扬表面上看对孩子有一定的鼓励作用，可是一旦说得多了，就会让孩子顺着父母的思路进行惯性推理：我做了一件好事，因此我是好孩子；我考了一个高分，是因为我比别人聪明。

按照家长的思路，孩子还可能进一步做出“相反”的推理：我做错了一件事情，我是一个坏孩子；我考了低分，说明我比别人笨。这种“以偏概全式鼓励”，会让孩子把别人对一件事情成败的评价当成对他整个人的评价，在无形当中给孩子贴上“我比别人聪明”“我天生比别人笨”等标签。当一个孩子认为“是因为我比别人聪明，所以我才考了高分”，他就会忽视努力的重要性，会把一切成果都归功于自己的智商，最终变得盲目自大。

5. 沉默式教育

有一些家长不太善于表达，让他们去表扬和鼓励孩子，会掉一地鸡皮疙瘩，浑身不自在。他们的强项往往是鞭策，用鞭策代替鼓励。

我们常说孩子是父母的复印件，在这类父母的影响下，孩子往往也会习惯于把情感压抑于内心，不善于表达。这类孩子往往是孤独的，永远在默默地努力，暗地里使劲，表面上看是谦虚低调，实际上孩子是因为长时间的沉默，不善于表达自己的情感。

沉默的父母，会培养出孤独的孩子。父母羞于表达感情，对于孩子未来的人际交往以及对机会的争取和把握都有一定的负面影响。

如何表达自身的情感真的是一种能力，一定是需要经过训练和练习的。我曾经也是一个不太善于表达的人，更别说是走到台上演讲了。后来进入咨询、培训领域以后，经过不断的练习，我在表达方面也不再存在问题了。如果你也不善于表达，那么建议你有意识地去做出一些改变。

怎样鼓励才能让孩子成为“常胜将军”

前文我们提到的五种鼓励孩子的方式都不对，那么，我们应该如何正确地鼓励孩子呢？鼓励孩子听上去简单，实则有着大学问。

越来越多的父母和老师开始提及一个词——“赏识教育”。这当然是一个很好的现象，但是家长是否真的了解什么是赏识教育呢？

我曾经和一位妈妈聊天，谈到赏识教育的含义，她说：“就是努力地发现孩子的优点，多表扬和鼓励孩子吧！”这句话当然也没问题，但我知道，她对赏识教育的理解只是停留在表面，并没有真正领悟到赏识教育的内涵。

在我读初三的时候，班里有一位同学，物理成绩特别好，模拟考试常常所有题目全对。可奇怪的是，物理老师从来没有给过他满分。不是因为字迹不工整，就是因为答题步骤不够完整，似乎总是故意要想着法子扣掉一两分。这位同学非常不理解，也感到很郁闷，觉得老师好像对自己有意见，连我们也觉得老师对他不太公平。直到今天，当我成为一名心理学者，回过头去看这件事情时，才彻底理解了老师的良苦用心。

古语说“满招损”，意思是，满足已取得的成绩将会招来损失和灾害。老祖宗留给我们的智慧里，最忌讳的就是一个“满”字。容器满了就不能再装东西了，大脑满了就不能再接纳别的知识。你看那树上的果子，熟透了，下一刻就要落下；月亮圆了，下一刻就要残缺；太阳升到正中，下一刻就要降落。明白了这个道理，也就明白了那位老师的真实意图。

我经常跟向我咨询的父母讲 60 分和 100 分的故事。假如你的孩子正常发挥可以考 90 分，结果在一次考试中只得了 60 分，这在一般的家长看来，是一个坏消息。而如果孩子考了 100 分，很多家长则会觉得是个天大的好消息。可在我看来，如果不会引导，考 100 分反而可能变成一件坏事；而如果会引导，考 60 分也有可能会变成好事。

大家试想一下，如果孩子考了 100 分，身边的人都不停地夸他厉害，说他聪明，因为这件事情，他可能会变得骄傲自大、目中无人，接下来，在学习上就可能放松，为下次失败埋下了伏笔，最终，好事却变成了坏事。如果孩子只考了 60 分，父母却没有因此而责怪孩子，反而鼓励孩子不要放弃，和孩子一起找出失败的原因，最终制定出改进的方案，孩子从此有了更好的学习态度和更强的学习动力，这也为下次的成功打好了基础，最终坏事变成了好事。

鼓励的前提是接纳

怎样鼓励孩子才有效呢?

在此，我并不想教给你太多的技巧和话术，我只想给你分享两个最基本的原则，也就是与孩子沟通时的底层逻辑：第一是接纳，第二是允许孩子犯错。

为什么这么讲呢？这就好比婆媳相处，如果你对婆婆极度厌烦，让你去对婆婆讲些好听的话，就算你硬着头皮讲出来，估计也会觉得恶心。你会骂自己：我怎么这么虚伪、这么假惺惺？

同样的道理，如果孩子的行为已经让你极度愤怒了，你忍不住要动手了，你强装平静，反过来鼓励和安慰孩子，会起到好的作用吗？人的感受通常是真实而微妙的，当你不喜欢一个人时，对方一定感受得到。这样“假惺惺”的鼓励甚至会起到反效果，说不定孩子会认为你是在变相地讥讽他。

说几句好听的话非常简单，但前提是要有气度、胸怀和格局。没有这些前提，嘴上所谓的接纳就是在演戏，说不定还是你自己的独角戏。孩子表现好的时候你去鼓励，方法当然很简单。可孩子大多数情况下都不听话，你所面对的是那个让你不太满意的孩子，如何能够发自内心地去接纳他，考验的就是你的气度、胸怀和格局。

在家庭教育领域，近年来流行一句话：“我是一切问题的根源。”一切问题都跟自我的修炼息息相关，父母要想全然心平气和地接纳孩子，就要不断地自我超越。

当你发自内心地接纳孩子时，你对孩子就会特别有耐心和包容力，这个时候你所讲出来的话才是充满能量、充满安慰的，对孩子才是有正面影响的。

这个时候，大家可能会问：你说的接纳是指接纳孩子的哪些方面呢？难道对于孩子的所有行为都要接纳吗？

请记住两个关键词：承认差异和允许犯错。

承认差异，就是告诉你，这个世界上的每一个孩子都是独一无二的。在做同样一件事情时，如果你的孩子做得没有其他人好，你要明白这是非常正常的，不要拿孩子跟别人比较。同时，承认差异还有另外一层意思：既然你的孩子是独一无二的个体，那么当孩子和你在同一件事情上持有不同观点的时候，你也应该允许孩子有独立的见解，而不是强迫孩子认同你的观点。如果你用家长的权威来迫使孩子放弃立场，只会让孩子一步步丧失独立思考的能力，最终失去独立的见解和决断的能力。

允许犯错，就是告诉父母，你的孩子绝不是一个完美的个体，他的一生一定会犯无数次错。孩子犯错是正常的，他的每一项能力都是在犯错和纠错中不断提升的，所以，父母不但要允许孩子犯错，甚至还要鼓励孩子勇于犯错。一个敢于犯错的孩子，只要得到正确的引导，他的成长往往是很快的。

肯定行为结果，表扬行为过程

为什么要肯定结果，表扬过程？首先，“肯定”和“表扬”这两个词的用力程度是不一样的，很显然表扬要更重一些。这也就是告诉父母，在表扬孩子的时候要把过程看得比结果更重要一些。

我们还是以 60 分和 100 分的故事为例。比如，当孩子考了 100 分时，一般的鼓励方式是：“哇！儿子，你太聪明啦！老爸老妈为你感到骄傲！今天晚上咱们好好庆祝一下。”这样的鼓励方式，在肯定孩子成绩的同时，也容易让孩子忘乎所以。他会不自觉地把成绩和聪明画上等号，他会觉得是因为自己聪明才取得了现在的成绩；他也会不自觉地忽视学习过程中的努力和付出，忽略学习态度和学习方法的重要性，这显然是很不正确的。

那么，我们应该如何表扬孩子呢？

我们可以尝试这样说：“哇，儿子太棒了！看到你考100分，我和你老爸都开心坏了！这说明你在这个学期里非常努力。我看到你非常刻苦，学习态度也特别好，更重要的是你特别善于总结。看到你笔记本上面那些非常有条理的笔记，老妈就断定你这次的考试成绩不会差到哪里去。”

肯定行为结果，表扬行为过程，就是要让孩子明白：老爸老妈对你所取得的结果是非常肯定的，但同时你也应该知道，每一个好的结果都是在那个过程中做对了事情而得到的，现在的成绩是由前面的努力决定的。你考了100分，这当然非常棒，但这并不仅仅是因为你聪明和智商高。

我们这样引导孩子，就能够让孩子正确、客观地认识自己，认可自己的努力，强化自己好的学习态度，而不会因为一时的好成绩得意忘形，也不会因为一时的失败就一蹶不振。这样的孩子，才更容易做“常胜将军”。

父母最应该表扬的，是孩子在平日里的种种努力行为，而不是那个结果。这样做的目的，是引导孩子明白在过程中努力的重要性，只要努力做好了，取得好的结果是早晚的事儿。

你只要把孩子在学习过程当中种种好的表现做一个还原即可，不需要去添油加醋。当你能够坚持这样去表达，孩子就会慢慢地明白，努力的过程大于结果，结果只是态度和努力的最终表现。

我还想重点强调的是，当孩子表现出色的时候，你去鼓励孩子，这没有什么难度。然而，你如何去鼓励一个表现并不尽如人意的孩子呢？这就需要父母用心发现孩子的闪光点。父母要能从孩子那些令人头疼的行为当中找到可圈可点的地方，与孩子建立共鸣，这样的鼓励对孩子才是有作用的。

比如，孩子期末考试的成绩与期中考试成绩相比退步了，但某一科的成绩比之前高了，这一科的提高，说不定就是孩子努力的结果，这就有待父母去发掘。就算孩子每一科的成绩都比之前的低，此时心情无比沉重，无比自责，但他也可能已经铆足了劲，准备在下次考试中扳回来。如果父母看不到孩子的这一层情绪，随意地批评，就有可能把孩子刚刚冒出的热情浇灭。

正面的看法总是带来正面的行为，负面的看法总是带来负面的行为。鼓励的本质是练就一双正面的眼睛和一颗真诚的心。批评孩子可能会成为一种习惯，鼓励孩子也可以成为一种习惯，希望我们把鼓励孩子变成一种日常的习惯，让它可以像呼吸一样，满溢于言谈之间。

提问的策略：好的教育是三分教七分问

在这个世界上，会讲道理的家长比比皆是，而会问问题的家长却凤毛麟角。

分享一个故事：

瑶瑶上幼儿园的第一堂课，妈妈给她买了一条非常漂亮的花裙子，上面有好多五颜六色的扣子。可是放学的时候，妈妈发现裙子上面的扣子全部不见了，于是问瑶瑶："扣子去哪里了？"

瑶瑶看到妈妈的脸色不太好，胆怯地说："新同学都很喜欢上面的扣子，于是我就摘下来送他们了。"听到瑶瑶这么说，妈妈马上火冒三丈，指着瑶瑶的鼻子说："你这个败家的玩意儿，人家喜欢你就送人家啦？你怎么不把裙子也送给别人？"

这样的场景，我相信大家一点都不陌生，也许你也曾经这样做过。那么你不妨回忆一下，当你数落孩子时，问题解决了吗？我们更多的是在发泄自己的情绪，完全没有照顾到孩子的感受。通常情况是，孩子直接被吓蒙了，像受惊的小鹿一样戳在那里一动不敢动，一脸的无辜，他根本不知道自己错在哪里了。

这位妈妈或许是想通过这样的方式告诉孩子："你不能傻傻的，什么东西都拿出来和同学分享。"同时感到气愤的是，自己的孩子好像比别的同学笨，人家要什么她就给什么。可是，当她把孩子"教育"了一顿之后，孩子是否真的能够接收呢？

什么叫有效沟通？真正的有效沟通不在于你说了什么，而在于对方接收到的是什么。所以，当家长这样指责孩子时，孩子只能隐约地感受到妈妈很生气，妈妈不喜欢她这样做。可与此同时，孩子的心里还会留下很多疑问："妈妈不喜欢我这样做，那妈妈到底希望我怎样做呢？""妈妈是不喜欢我跟同学分享扣子，还是所有的东西都不能分享呢？""那下次同学再跟我要扣子的时候，我该怎么做呢？""到底是同学重要，还是扣子重要呢？""老师说好东西要学会分享，为什么妈妈又说不可以呢？"……

孩子的小脑袋瓜里蹦出了一连串问题，妈妈一个也没有帮她解决。

读到这里，我相信你也应该意识到问题的严重性了。瑶瑶妈妈的这种处理方式非但不能起到教育的效果，反而会让孩子变得更困惑，把她原有的价值观、是非观给打乱了。下次再遇到类似的问题，孩子会更纠结、更困惑。

在做家庭咨询时，我常常告诉父母一句话："好的教育是三分教七分问。"为什么要"七分问"？因为只有通过询问，才能了解到孩子行为的动机，了解到他们心中的困惑。

有智慧的父母，他们会怎样和孩子沟通呢？

首先，不管发生多么大的事情，他们都会尽最大努力控制自己的情绪，因为人在情绪失控的时候是无法冷静思考的，情绪会阻断双方的沟通路径，心平气和才是良好沟通的基础。

其次，不会急于给事情下定论，他们会先问清楚事情的缘由，进而了解孩子的真实想法。比如，他们可能会这样问：“瑶瑶，你把扣子给了同学一定是有原因的，你能不能告诉妈妈你当时是怎么想的？”在这样的沟通氛围中，孩子会坦诚地表达出自己真实的想法，她很可能会说：“因为他们都对我很好，我也很想和他们交朋友，所以我就把扣子给他们了。”

如果一开始你就知道孩子是这样想的，你还会气急败坏地批评孩子吗？通过询问，你知道了孩子内心的想法，原来她很看重和同学们之间的友谊，所以选择把心爱的扣子送给他们。孩子是很重情义的，并没有把物质看得过于重要，这显然是好事。你知道了这一点后，一定要及时表扬孩子，强化她原有的重情重义的价值观念。同时，对孩子行为当中不合理之处也要给予正确的引导。比如，你可以这样引导：“瑶瑶，妈妈知道你很重情重义，你能把扣子给同学，说明你真的很喜欢他们，只是那件衣服是妈妈特意买给你的，妈妈希望看着你每天穿着漂亮的裙子去上学。如果你真的特别想和他们交朋友，你可以邀请他们到家里来做客，妈妈会很开心的。”

当然，家长还可以顺藤摸瓜，接着上面的问题继续往下提问，从不同的角度了解孩子的价值观念，解决孩子的困惑，进而给予正确的引导。

批评公式：怎样批评能让孩子反思和进步

每个人都不想被批评，我们都需要得到外界的认同。所谓认同感，是指一个人感觉被别人或团体认可与接纳时的一种感受，它是一种正面的信号，可以帮助一个人积极地看待自己。可是很多父母很少能让孩子有这种认同感，相反，他们最喜欢的就是批评和指责孩子。

当然，批评也是有一定价值的，就好比是十字路口的红灯，虽然不太招人喜欢，却可以让车辆行驶得更有秩序。对于批评的价值，我们借用一个形象的比喻来阐释：孩子所犯的错误就好比是一棵小树上肆意长出的枝枝杈杈，批评就好比是父母手上的一把小斧头，小斧头用好了，可以修剪枝杈，用不好，就有可能砍伤小树本身。

批评一定要讲究方法。那么，有哪些方法可以供我们参考呢？

1. 堂下教子

批评孩子最好是单独进行，不要让孩子当众丢脸。关起房门，怎么批评都行，那是你和孩子两个人的事情。可如果是当众批评，那就是没有照顾到孩子的面子。“你给我留面子，我让你有台阶下。”而如果父母习惯了在人前批评孩子，就会让孩子破罐子破摔——反正我的脸已经被你丢尽了，我干脆就不要脸了。

2. 慎用“狮吼功”，批评也可以很温和

批评绝不是比嗓门，不是声音越大越好。很多父母在批评孩子的时候喜欢学金毛狮王谢逊，一言不合放声吼，肝肠寸断不罢休，吼得孩子肝胆欲裂，就像是老鼠见了猫，背后凉风阵阵。

对于批评的效果而言，声调和结果往往成反比。越大喊大叫，孩子越感觉不到尊严的存在，自然会更加叛逆，跟你对着干。有时候孩子会暂时“屈服”于你的怒气之下，表面上听你的，暗地里却与你作对。比如，你吼着让他写作业，他满口答应，却一直“磨洋工”。这种行为在心理学上叫作“被动攻击”，也就是说，他争辩不过你，所以避免跟你正面交锋，但这不代表他真的没有脾气，他会表面上顺从和妥协，实则用迂回的方式表达对你的不满。

比如，有父母跟我抱怨说：“我批评他只顾打游戏，不学习，他认错倒是快，但不改，前天我都睡着了，他又爬起来打游戏。”这实际上就是一种无声的反抗。简单地说，我不跟你直接起冲突，但我还是会以我自己的方式跟你对着干。

吼叫并不能真正树立你作为父母的权威，吼叫代表的只是一种宣泄和愤怒。如果父母连自己的情绪都没有处理好，就批评孩子，那最应该检讨的是父母自己。

所以，在你批评孩子的时候，态度可以是严厉的，但嗓门高不代表严厉，这一点你一定要区分清楚。

3. 陈述事实，撕掉负面标签，对事不对人

很多父母批评孩子时最常用的口头语就是“你蠢得要死”“你怎么这么笨”“你怎么这么没头没脑”。当父母这样去讲的时候，就是没有弄明白要批评的对象到底是孩子的错误行为，还是孩子本人。其实真正受到批评的应该只是孩子的错误行为，如果因为一件事情就全盘否定孩子整个人，这很显然是不对的。比如，孩子考试没有考好，可能是因为粗心大意，也可能是因为不够努力，还有可能是受其他事情的影响，更有可能是因为准备不够充分，如果我们简单粗暴地给孩子扣上“你太笨了”的帽子，显然有失客观。

在批评孩子的时候，父母一定要做到对事不对人。同时，不要过分强调孩子的过失，而应该把重点放在如何改正上。不要因为一件事就给孩子贴上“笨”“蠢”“懒”“不负责任”等负面标签。

4. 切忌翻旧账

我的一个学生跟我说，他的父母喜欢“株连九族”。我一听就蒙了，啥叫株连九族啊？

孩子解释说：“就是喜欢翻旧账呗，我犯一次错，会把我一年的犯错记录拿出来晒一遍，弄得我都可以倒背如流了！”

我们身边可能就有人很喜欢翻旧账，所以，我们应该也能感同身受。翻旧账会极大地挫伤我们的自尊心，谁都不愿意接受，更何况是孩子呢。所以，孩子犯了错，针对具体问题进行批评就好了，不要将孩子的错误加在一起算总账。

5. 选对时间点

教育与监护孩子虽然是父母的权利，但并不意味着你可以随时随

地、随心所欲地批评孩子。至少针对以下三种情况，父母一定要少批评孩子：

（1）早上出门时。一日之计在于晨，早晨听见喜鹊叫，一天都有好心情。父母要帮助孩子怀着愉快的心情迎接新的一天的到来，而不是让孩子从早上开始就受气。

（2）一起吃饭时。很多父母平时不抽时间陪孩子，只有吃饭时才能陪陪孩子，看到孩子有什么问题，或者突然想到孩子有什么问题，就开始教育孩子。这样不但会影响孩子的食欲，破坏本来美好的家庭时光，还会让孩子把与父母吃饭和痛苦联系到一起，一想到吃饭，就会想到被批评，想想那会是多么痛苦的一种感受啊。

（3）父母生气时。人在生气的时候，很容易一张嘴就骂人，结果伤了孩子，也破害了自己做父母的慈爱形象。这个时候，最好先做几个深呼吸，同时问自己一个问题：我如果这个时候讲话，会不会因为一时的情绪失控而说出让自己后悔的话？你可能会发现，很多冲动的行为就悄无声息地被你化解掉了。

如果父母能在合适的时间与场所，采用合适的方法教育和批评孩子，孩子就更容易接受，批评的效果自然更好。

在批评孩子的时候，我们有没有什么公式可以借鉴呢？答案是有的。前提是大家一定要明白一点：尽信公式，不如没有公式。公式永远是死的，人是活的，所以公式只是一个参考和方向，不能当成万能的解决方案。

请大家记住这个公式：

批评 = 平复情绪 + 描述行为 + 表达感受 + 引导方向

“平复情绪”，就是说我们不能带着情绪去做一些事情，不能被情绪所左右，遇到问题首先要做的就是让自己冷静下来。

“描述行为”，就是把你看到的关于孩子的一些不良行为描述出来，就像是一个照相机一样还原事情的本来样貌，不要添油加醋，不要夸张，尽量客观地描述。

“表达感受”，是指父母把自己当下的内在感受表达出来。比如说，“我很生气”“我非常失望”“我很着急”“我很无奈”等。

“引导方向”，是在让孩子意识到自身的问题之后，引导孩子去思考下一步的行动方向。

我们来举一个例子，比如，你的孩子在暑假只知道玩游戏，把事先制订好的暑假计划忘得一干二净。如果使用这个公式，你该如何批评孩子呢？

你可以这样讲：“看着你天天玩游戏，把自己的暑假计划忘得一干二净（描述行为），我真的有些失望和生气，我甚至都有些想骂人的冲动（表达感受）。在这件事情的处理上，我觉得你是缺乏自控力的（表达感受）。你觉得自己是游戏的主人还是奴隶？是你在控制游戏还是游戏在控制你？当一个人被游戏牵着鼻子走的时候，那是一种不成熟的表现，说明他是管理不好自己的。但我还是愿意相信你有能力处理好这件事情，能够去平衡游戏和其他事情之间的关系，既能玩得投入又能放得下。所以，下次我不希望再是这个样子。现在你马上想想，下一步该做些什么（引导方向）。”

通过这个案例，请大家仔细地去理解这个公式，然后尝试着把它用到生活当中去。

最后，我想重点强调的是，就算是再高明、再有技巧的批评，对方听起来一定也是不舒服的。所以在批评孩子之前，请大家先思考一下，是否还有更好的方式和方法与孩子沟通，请把批评当成最后一招来使用。

与孩子高效沟通的黄金法则

父母为了孩子操碎了心，可是孩子就是不听家长的，这是为人父母最大的困惑之一。如果父母也是一种职业的话，那么它应该是世界上最难的职业。因为它既没有岗前培训，也没有岗中培训，更不可以辞职和退休。

打一个比方，一位重症病人被放到手术台上，医生对病人讲，我是世界上最爱你的人，我会付出所有的努力把这次手术做好，但我从来没有学过做手术。父母就是那个从来没有学过做手术的主治医生，实际上很多家长每天都在做这种可怕的事情。所以，父母一定要学习，尤其要学习与孩子沟通的艺术和技巧。沟通的品质，决定了亲子关系的品质，只有把沟通这门功课做好了，才能够建立良好的亲子关系。

我们先来分析一下亲子沟通的主要障碍。孩子为什么不愿意与家长进行沟通和交流？原因主要有三方面：

1. 缺少认可

孩子的价值观和自我意识在家里得不到认可。孩子喜欢的东西、崇拜的偶像，得不到家长的认可。孩子在家里做什么都是错的，当孩子要求独自完成某件事情时，家长总是不允许，要么就是全部包办了。试想一下，作为父母，如果你也遭遇这样的对待，你还愿意和对方沟通吗？

2. 缺乏安全感

家长不能给予孩子足够的安全感，让孩子敞开心扉。我的一个学生曾跟我说："如果考得好，家里的氛围就温馨；考得不好，家里的氛围就压抑。"孩子在学习上遭遇挫折时，最需要的是家庭的温暖和家长的理解，可等待他的却是一顿批评、指责甚至是体罚，他又怎么会敞开心扉与父母沟通呢？

3. 缺少沟通

父母没有与孩子沟通的习惯。有的父母几乎把全部时间都用在了个人娱乐、应酬和工作上面，把孩子丢给老人、阿姨、保姆，或者丢到寄宿学校，除了知道给孩子吃的、穿的和钱之外，几乎很少与孩子沟通。时间久了，孩子自然不愿意与父母沟通，这样的父母只是挂个头衔而已。

在分析完原因之后，我们来看一下如何才能够提高沟通的效果。

1. 不要张口闭口就是讲道理

很多家长喜欢训孩子，喜欢摆事实、讲道理。不少家长在公司是领导，在家也无意识地把自己当成领导，将孩子当员工训，永远是一副高高在上的样子，永远是"我比你懂得多，你应该听我的"，或者

“你一个小屁孩儿懂什么，老实听着就行了”。和这样的父母沟通，八成的时间，孩子是在听父母讲道理，留给孩子的表达空间实在是太少了。而良性的沟通应该是父母将 80% 的时间用于倾听孩子的想法，20% 的时间用于引导孩子。

所以，要想打开孩子的话匣子，家长就要学会倾听，管控住自己的表达欲，收起自己的领导范儿。如果一次谈话结束，你发现自己说的占多数，就应该自我检讨了。

2. 好的父母，都是“一流的销售员”

我们每天都会向孩子输出自己的观点、知识、思想等内容，但如果方法不对，孩子是会抗拒的。

要想把自己的思想灌入孩子的脑袋，就要向销售员学习，考虑怎样让孩子高高兴兴地接受自己销售的东西。一流的销售员都是提问的高手，所以家长一定要善用提问的技巧，在沟通的时候多问少说，时刻观察孩子的反应，及时调整问题的方向。

同时，一流的销售员从来不会直接否定客户的观点。不管孩子的观点多么幼稚、荒诞，家长都不应该马上否定。孩子既然会这样讲，就一定认为有道理，在这种情况下，家长要通过提问的方式，深入了解孩子为什么会这么思考。只有了解了孩子的真实想法之后，你给出的建议才是有效的，孩子也更乐于接受。

3. 沉浸式聆听

很多家长在听孩子讲话的时候漫不经心，敷衍的成分居多。比如，一边炒菜一边漫不经心地听孩子讲，有时还会打断孩子，请孩子帮忙摆桌准备吃饭，自始至终，从未停下来专心地去听孩子讲话。当然也不是说家长每次都一定要停下手上的事，有时就是一句话的事儿。比如，你可以说："宝贝，妈妈现在忙着炒菜，可能不能用心听你讲话，如果你有重要的事情要跟我讲，等我炒完菜可以吗？"你看，一句话就会让孩子觉得父母很重视他。

当然，如果手头上没有特别重要的事情，最好是马上去听孩子要说的，因为你多次忽略孩子后，孩子便会慢慢地失去告诉你的兴趣。另外，在听的时候，最好与孩子的目光接触，让孩子感觉被重视。很多时候，孩子说的内容你可能觉得不重要，但对孩子而言却是最重要的，如果你每次都愿意耐心地听孩子讲完，那当孩子真遇到困难时，自然就会来找你帮忙了。

4. 主动分享自己的感受

我们不需要把心中的负面情绪展示给孩子看，这样会增加孩子的心理负担。但有时不妨主动地与孩子分享自己的心情、感受，以及对事物的看法。真心换真心，家长愿意这样做，孩子自然也愿意向你倾诉他的心情、感受和看法。

比如，当你工作了一天回到家之后，如果你确实很累，就完全可以跟孩子说："宝贝，妈妈今天累坏了，好想休息。"这样讲，不一定要得到对方的回应，只是营造一种相互信任、情感沟通的氛围，时间久了，家人之间就会习惯于分享各自的心情、感受和看法，创造一种良性的沟通模式。

5. 重视肢体语言的重要性

在沟通的过程中，时不时地进行目光接触，给孩子竖起一个大拇指。孩子讲得兴奋时，点头回应，轻拍一下孩子的肩膀，抚摸孩子的后脑勺，倾听时上身略微前倾。这些肢体动作都能够鼓励孩子表达自己的意愿，和孩子形成良好的互动。同样，孩子也能够从家长的肢体动作中学到一些好的沟通技巧，用来与他人沟通。

当然，与孩子沟通，说起来容易，做起来难，在结合上述技巧的同时，家长一定要多学习、多观察、多总结。只要我们做父母的有一颗爱孩子的心，随时在意我们的身教与言教，孩子是不会太让我们失望的。

不吼不叫，如何管好孩子

美国著名家庭治疗大师萨提亚认为，一个人和他的原生家庭有着千丝万缕的联系，而这种联系有可能影响他的一生。那个我们从小长大，有爸爸妈妈，也许还有兄弟姐妹的第一个家，叫作原生家庭。

而作为父母，你现在就是你子女的原生家庭成员，你在重新创造一种文化。对于原生家庭给你带来的不好的影响，不要持续下去；过去好的经验，要把它传承下去。

很多父母喜欢骂孩子、吼孩子："你再这个样子，妈妈就不要你了。""烦死了，怎么总是给我添麻烦！""你再哭我就走了。"……回想一下，在生活中，是不是一些小事就会将你的情绪瞬间点燃，对着孩子大吼大叫？有时候你都不知道说出来的话有多糟糕。其实骂孩子恰恰是父母无能的表现，因为我们也没有其他更好的解决方法。明明知道这么做无用，但我们就是习惯这么做……

很多家长会反驳说："如果我不吼他，他根本就不听。"真是这样吗？当家长去吼孩子的时候，只是一种自身情绪的宣泄。

一开始对孩子大声斥责，孩子会屈服于你的威严，表现得很听话。但是次数多了之后，他就会习惯了，左耳朵进右耳朵出，即使乖乖地站着让你吼，他的注意力也早已神游到别处去了。甚至有些孩子知道你除了吼不能拿他怎么办，他会非常大胆地跟你顶嘴。所以，吼并不能让孩子认识到自身的错误，更不能让孩子学习到良好的行为习惯。

在这种环境中成长起来的孩子，有的会脾气非常暴躁，容易动怒，有的会对人非常冷酷和苛刻，有的则优柔寡断。身教重于言传，这是一条被反复证明了的教育真理。如果成年人给予孩子的是经常性的批评和责骂，又怎么能让自己的孩子平和与自信呢？

那么，当孩子犯错误的时候，家长应该怎么办呢？

1. 要控制住自己的脾气，心平气和地去和孩子沟通

在心平气和的前提下，我们才能客观地看待孩子的问题，更好地和孩子沟通。当我们觉察到自己将要发火的时候，先闭上眼睛深呼吸30秒，并且问自己：“这件事儿大不大？我发火的时候模样丑不丑？我说话的声音高不高？”当你想完这三个问题的时候，实际上你的怒气已经消了不少。另外，以后每当你要对孩子发火的时候，想一想，孩子出现了这样的问题，家长是不是也有责任。

2. 让孩子知道你的不开心

当孩子做了某一件事情让你很生气的时候，你要让孩子知道你的感受。告诉孩子，哪些行为让你感到不满。比如，你可以说：“我不喜欢你现在的表现，这让我很生气！”或者你也可以直接表达自己的感受：“看到你不遵守自己的时间安排，没有在规定的时间内完成作业，我觉得很烦躁！”“因为你对楼下的奶奶不礼貌，我很生气，很不开心！”

你还可以与孩子分享你的期望，比如，你可以说：“我希望你安静一点，因为妈妈工作了一天很累，想休息一下。”

3. 放下身段，同孩子一起协商

有些家长总喜欢在孩子面前保持威严，习惯用“以上对下”的态度来对待孩子，但是这样做往往会激化矛盾，孩子会跟父母对着干。这时，父母不妨放下身段，不要总是命令孩子，而是同孩子协商，各退一步也许是很好的方法。比如，当孩子在沙发上跳来跳去，而家长有事情要思考的时候，就可以请孩子去卧室的床上跳，或者请他等一会儿再跳，或者等家长把事情处理完，再带孩子去公园尽情地跳。

4. 给孩子另一个选择

当孩子犯了错误，你不要只是吼叫孩子，讲大道理，而是要给孩子另一个选择。也就是说，不要只说“不可以”，而是指出一条可以的路来引导他走。

大脑好像一个大草原，上面已有一条从 A 到 B 的路，如果你不希望他走这条路，那么要先牵他的手走另一条到 B 的路。走得久了，路上的草被踩倒了，新路便形成了，而旧路长时间不走，又会被新长出来的草盖住，便看不见了。

比如，孩子一直在看电视，不写作业，你应该语气坚定地告诉他：“作业没写完就不应该看电视。现在你有两个选择，一是 5 分钟后坐到书桌前好好写作业，以后每天能看电视 1 小时；二是今天电视随便看，但是接下来一周都不准开电视了。你要选哪个？”孩子听到后自然会做出选择，写作业的问题也会随之得到解决。

5. 让孩子去体验后果

如果孩子总是听不进大人的话，你再怎么吼叫也是无用的。那么在保证安全和没有恶劣后果的前提下，家长可以让孩子体会“自食恶果”的滋味。通过自身的切实体验，孩子就能深刻领悟到家长的教导有多么正确。

最后，我想要告诉各位的是，父母要学会平复情绪。

当我们对孩子大吼大叫时，恰恰暴露了我们自身的缺点：

一是对孩子犯的错，拿不出更好的解决办法，只能仗着自己是大人去逼迫孩子承认错误；

二是我们控制情绪的能力很差，一个孩子就能把我们惹得大发雷霆。

父母的情绪稳定，对孩子非常重要。心理学上有个理论，叫作“踢猫效应”，意思是情绪是会“传染”的。老板心情不好，于是把经理骂了一顿；经理莫名其妙地挨骂了，只能把火发泄在员工头上；员工愤愤不平，回到家里，看到儿子在沙发上蹦蹦跳跳，于是对儿子发火；儿子感到很郁闷，狠狠踢了一脚正在旁边睡觉的猫。情绪是一种由内而外的影响力，具有极强的感染性。父母常常发火的话，孩子也会慢慢变得没有耐心，对父母充满敌意，会抵触、逆反，对同龄人也会发脾气，这样就很容易直接影响孩子的人际关系。

因此，父母只有在控制住自己情绪的状态下，才有耐心去倾听孩子犯错后的解释，才能有足够的理智去开导孩子。

如何培养孩子的社会能力

找准核心点，才能培养孩子的高情商

我不想沦为俗套，给大家讲一些关于情商的空洞理论和大道理。不过，咱们还是需要先从简单枯燥的定义来了解一下情商。

情商指的是情绪商数，是指一个人在情绪、情感、意志、耐受力、人际交往等方面的品质。它主要包含了四大维度：洞察自我情绪的能力；管理自我情绪的能力；识别他人情绪的能力；引导他人情绪的能力。大家了解之后会发现，情商是指人既要处理好与自己的关系，还要处理好与他人的关系。

情商到底是什么

情商在很多人的认知当中就是能言会道，受人欢迎，见人说人话，见鬼说鬼话，八面玲珑。这种说法对不对呢？只能说对了一小部分。因为情商不仅对外，更重要的是对内。

我对情商的定义是：情商来自对自我的深度洞察以及对外界的高

度理解和包容。

下面我所讲的关于情商的一切，都是围绕着这句话展开的。这句话包含两方面，一是对自我的深度洞察，二是对外界的高度理解和包容。

什么是对自我的深度洞察？先问大家一个问题，你认为“让别人喜欢你”跟“你自己喜欢自己”哪个更重要？或许你嘴上会说后者更重要，而行动上却趋向于前者。在这个世界上，大多数人每天都在忙着讨好别人、迎合别人，努力让别人喜欢自己。因为这些人的潜意识里认为让别人喜欢自己比自己喜欢自己更重要。我们经常听到很多父母这样对孩子说：“你再这样妈妈就不喜欢你了。”这句话的潜台词就是：“你要做一个让别人喜欢你的人。”

你可能会问，难道这样做有错吗？我们每天都需要跟人打交道，难道让别人不喜欢我们就对了吗？

大家不妨想一下，人为什么会累？往往就是因为每天忙于巴结、忙于讨好、忙于应酬、忙于迎合。我们取悦了全天下，唯独漏了最重要的那一个——我们自己。可问题远不只这些，很多人都会忽视一个问题：你永远都不可能让所有人喜欢你。孔子、老子、庄子、苏格拉底、王阳明、曾国藩，这些人够有名吧？但不喜欢他们的大有人在。连他们都无法做到的事情，为什么你要去难为自己呢？当你不断戴着面具去迎合讨好他人的时候，你真的会发自内心地认同自己吗？

什么是自信？自信并不是通过获得他人的认可来肯定自己。真正喜欢自己、认同自己，那才叫自信。

讲了这么多，就是希望大家明白，要想提升自己或者孩子的情商，我们应该把重点放在自己身上，自己喜欢自己。只要你真正喜欢自己，就可以摆脱外界的各种束缚，不用活在别人的脸色和话语中。当你把身上的绳索挣脱掉的时候，换来的是自由。自由为什么那么重要？举个现实一点的例子，为什么钱会让人产生自信？因为当一个人足够有钱的时候，就意味着他可以不用依附于别人，他可以掌控自己的人生，他感受到的是不被绑架的自由。自信的本质，在于自由。

总结一下：情商高的人往往把焦点放在努力地活出自己上，因为这会带给他真正的自由感，而自由换来的是真正的自信。

所以，培养情商实际上就是培养自由感。

如何培养自由感

自由感来自四种品质：自律、责任心、独立性和抗挫能力，这其实也就是我们培养情商的四个方向。

为什么自律可以产生自由感？举个例子，一个长期坚持健身的人，就会有一种对身材的掌控感。这种掌控感越强，他的自由感就会越强。

那责任心和自由感又有什么联系呢？想一下，一个责任心很强的人给别人的感觉是什么样的？是不是很有安全感、很靠谱？责任心带给我们的最大好处是踏实和心安理得，负责任会让我们没有亏欠和内疚感，睡得香吃得香。这不就是一种自由感吗？

再来看独立性。为什么要从小培养孩子独立的能力？因为当孩子独立能力很强的时候，就意味着不用事事求别人，不必依附于别人，也就意味着自由了。

最后再来看抗挫能力。我们经常用“打不死的小强”来形容那些抗挫能力强的人，这种人不会轻易被困难打败，会直面问题，勇于解决问题，在他们看来，方法总比困难多。这种人怎能不自由？

所以，要想培养自己和孩子的高情商，我们就一定要从这四个方面入手。

再回到刚才那个问题上，让别人喜欢你跟你喜欢你自己哪个更重要？如果大家问我的话，我会说两个都重要，只不过如果非要二选一，我会选后者。因为我们永远没办法让所有人都喜欢我们，当我们把焦点放在让别人喜欢我们上的时候，我们会无限焦虑，会很累，会活成自己也不喜欢的样子。

但是这并不意味着“让别人喜欢我们”不重要，只是我们要把重点放在活出自己上面。

让别人喜欢自己，也是对自我的深度洞察的一部分。要想做好这一点，我们就要注意日常的言语和行为的修炼，也就是要提升自己说话和为人处世的艺术。

如何培养对外界的高度理解和包容

为什么很多人听了很多关于情商修炼的课程，也做了不少实践，可总感觉没有效果呢？那是因为他们忽视了一个特别重要的客观条件，我把这个客观条件概括为一句话：“这个世界远没有你想象的那么美好，但也远没有你想象的那么糟糕。”明白了这个道理，我们也就看开了许多。

很多人之所以痛苦，就是因为对自己的要求很低，对外界的要求又很高。一旦遇到不符合自己期望的事情，就会产生各种负面情绪，陷入痛苦。而外界的客观条件，往往是我们无力左右和改变的，有丑就有美，有善就有恶，有真就有假。如果我们不能够表现出对外界的高度理解和包容，那就永远无法处理好与自己的关系和与外界的关系，又谈什么情商呢。

在这一点上，父母一定要告诉孩子四个字："求同存异"。既然我们无法消除那些看不惯、让自己不舒服的事物，那就去寻找自己喜欢的事情，结交自己喜欢的人，让那些影响心情的统统走掉，这才叫求同存异，这才算是对外界的高度理解和包容。

比如，几周前有一个妈妈找到我，说自己孩子中考不利，最后被一所普通高中录取了。进入高中后第一次放假，孩子回家后对学校一通抱怨：有些老师课讲得不好，同学们都很幼稚，跟室友聊不到一块，学校的饭菜不好吃，环境差得很。

我当时给这个妈妈的建议就是求同存异，让她在理解孩子的同时，引导孩子去思考一个问题："学校里面除了你所抱怨的这一切，如果非要让你找一个比较好的地方，你会想到什么？"

这个孩子告诉妈妈的是，语文老师课讲得很好，有一次还把他讲哭了。既然这样，孩子可以先把焦点放在学好语文上，借由对语文的热情，来激发学习其他科目的热情。我们要告诉孩子："放弃挑剔，寻找同类。"可以先和自己最喜欢的老师多相处、多互动。或许在他刚来的时候，这里的环境很糟糕，但在他离开时，环境是否会因为他的到来而变得更好一点呢？这才是对外界的高度理解和包容，这才是真正的高情商。

如果你的孩子被打了……

一位妈妈留言说："我从小就教育自己的孩子不要打人，有什么事情可以说出来，打人不礼貌，所以我家孩子很少打人。而我弟弟的孩子经常抢我女儿的玩具，还打我女儿，我女儿哭，我就会哄她，让她小心一点，告诉她哥哥不是故意的，让她让着哥哥。总归不是自家的孩子，没办法替他爸妈教育他。"

听完这位妈妈的留言之后，你的感觉是怎样的？

关于孩子受到欺负这件事，大部分家长的观点总结下来主要有四个：

（1）孩子的事情自己解决，解决不了告诉大人。

（2）没出大事，能忍则忍。

（3）看好孩子，尽量避免正面冲突。

（4）告诉孩子直接开战，如果感觉实力悬殊，可以向旁边的大人求助。

那么，我们到底应该怎么做呢？

先讲一个我亲眼所见的案例。在逛商场的时候，看到游乐场里面的孩子玩得起劲，我就上前看了一会儿，没想到正好遇到了两个孩子打架。事情的经过是这样的：一个长得比较高的小女孩不知为何突然冲到木马前把上面的小男孩推了下来。小男孩比较皮实，也可能是没有摔疼，爬起来拿着玩具就去一边玩了。可一会儿工夫，小女孩又过来抢他的玩具，两个人就拉扯起来。小男孩的妈妈还没有来得及进入游乐场制止，小女孩就劈头盖脸地朝男孩脸上打了好几下。小男孩非常生气，拿着玩具砸在小女孩的脑袋上。小女孩开始大哭，小男孩感觉自己犯事儿了，就往妈妈身边跑，脸上明显有些恐慌。

很快，小女孩的妈妈就带着孩子上前找小男孩的妈妈理论。她首先问自己的女儿："是不是弟弟抢你东西？别怕，跟妈妈说！"小姑娘指着小男孩说："他用玩具打我。"听完之后，小男孩的妈妈看起来很生气，因为她知道明明是女孩先动手的。

小女孩的妈妈继续对小男孩妈妈说："让你儿子道歉，我女儿额头都被打红了。"语气很不客气，眼珠子瞪得很大，有些盛气凌人。

小男孩妈妈有些生气地说："是你女儿先推我的儿子，推完之后还抢他的玩具，先动手打了我儿子。不信可以调监控，要上医院也行，我儿子也得检查。要道歉也行，但先让你女儿道歉！"结果，小女孩妈妈白了他们一眼，骂骂咧咧地走了。小男孩妈妈摸了摸孩子的头说："别怕，你今天做的是对的！妈妈支持你！"小男孩明显感觉轻松了不少。

像上面这样的案例，随时都有可能发生在自己孩子身上，上面这位小男孩的家长做得就很不错。

那么，当孩子之间产生冲突的时候，我们应该怎么办呢？

1. 先让孩子独立解决

孩子之间产生冲突的时候，家长不要第一时间上前制止，给孩子时间和空间，让他们独自解决。除非场面非常暴力，或者一方家长提前介入导致场面失控。现在的手机非常方便，家长在一旁观看的时候，不妨录一个视频，既可以事后拿来教育孩子，又可以在非常时刻作为证据。

2. 告诉孩子，不做“无原则的忍让”

很多家长从小就教育孩子不可以欺负人，要学会忍让，可在我看来，要把“学会忍让”换成“不做无原则的忍让”。

孩子之间的矛盾大多是从抢玩具、抢零食开始的。假如你的手机无端被人抢了，大人都难做到心平气和，更何况是孩子呢。对于孩子来说，物权意识是很重要的。当他的玩具被抢了，他当然有资格争取自己的利益。

所以，别人欺负了你的孩子，千万别什么都不问就教他要息事宁人，要他弯腰认错。如果从小就教育孩子打不还手、骂不还口，那会是一件多么可怕的事情啊！

美国哥伦比亚大学心理学家曾经在20年内针对540名孩子和他们的母亲的生活进行记录研究，研究结果表明，幼年时曾被人虐待、殴打和性侵犯的人，长大后容易产生行为上的问题。

被伤害却不反抗，无原则的忍让只会让孩子失去最初对世界好恶的判断。

我们曾经看到过这样的案例，有一个男孩在学校里面被人欺负，跟班主任反映，班主任却不当一回事。男孩开始变得不爱说话，不愿去上学，家长却逼着孩子去上学，最后男孩割腕死在了自己家的浴室里。

如果家长不能正确地告诉孩子该如何处理类似事件，上面的悲剧就容易发生。

3. 家长要教会孩子拒绝

家长要让孩子学会在受到不公平对待时表明自己的态度，让孩子学会说“不要”“不可以”“不愿意”。事实证明，做事果决、有勇气的孩子一般很少受到欺负。

4. 该介入的时候果断出手

当公平无法保证的前提下，所有的谦让都是自欺欺人。这时，家长要果断出手。比如，孩子受到了大孩子的欺负，家长一定要干预。

5. 随时关注孩子的状态

孩子在外面受了欺负，不一定会告诉家长。家长需要多细心观察，对孩子的状态要多留心。比如，孩子莫名其妙不想去上学了，最近忽然变得沉默寡言等。

要学会从孩子身上找信号，及时帮孩子疏导心中的困惑，避免事态严重化。

6. 告诉孩子，必要的时候要学会通过反击来保护自己

你完全可以告诉孩子：如果有人打了你，你可以还手，但是要注意和对方之间的差距，打不过的，要学会保护自己，可以向身边的大人或者同学求助；打得过的，也要注意分寸，最好的结果就是别让对方得逞，也别让人受伤，最主要的是保护自己。

“不伤人是一种教养，但不被别人伤害却是一种能力。”你要教育孩子，这个世界上的伤害，不会因为忍让而消失，也不会因为强悍而膨胀，要做个内心温暖而有原则的人。

教孩子做个受欢迎的人（一）——承担责任

近几年来，明星真人秀一类的节目在荧屏上脱颖而出，备受人们喜欢。这一类节目，把明星的真性情淋漓尽致地向大家呈现出来，揭开了光环背后的那一层神秘面纱。当我们通过屏幕和明星近距离接触的时候——尤其是众多明星一起参与的节目，在有对比的情况下——会很容易被某个人的人格魅力所折服，在他的影响下，其他人显得有些黯淡。那么，那个让你“爱得不要不要”的人，他身上所散发出来的那股魅力，是如何形成的呢？延伸到孩子身上，我们如何才能让孩子成长为这样受欢迎的人呢？

请记住一句话：“你无法改变孩子的长相，却可以培养孩子的人格魅力。”长相是孩子的第一张脸，人格魅力则是孩子的第二张脸。第一张脸会随着时间的流逝而“贬值”，而第二张脸却是只涨不跌的“硬资产”。给孩子金钱，会花完；给孩子房子，会变旧；培养孩子的人格魅力，却会是孩子一生取之不尽、用之不竭的财富。

说到受欢迎，很多家长会很自然地把它与人际关系联系起来。没错，人际关系好，确实可以帮助孩子成为一个受欢迎的人，但受欢迎和人际关系好不能简单地画等号。一个人受欢迎，除了会处理人际关系之外，还有很多其他因素，比如说负责任、诚信等。

我想送给大家三个锦囊，这也是我在和大量的孩子相处之后发现的三条非常重要的铁律。

先说说第一个锦囊——“这是我的问题”。

为什么我把“这是我的问题”放在第一位来讲呢？因为在我看来它是最重要的。“物以稀为贵”，水在沙漠里是最珍贵的，食物在贫困国家代表的就是生命。“这是我的问题”之所以如此重要，就是因为在当今社会里，它就像沙漠里的水和贫困国家里的食物一样稀少。在沙漠里，谁能够给人们提供水源，谁就会是最受欢迎的人；在贫困国家，谁能够给人们送来食物，谁就会是最受欢迎的人。所以，在当今这个社会，如果你能够教会孩子深刻地理解“这是我的问题”这句话的含意，那么你的孩子就会是那个最受欢迎的人。

有一次我去理发店理发，剪完之后我不是特别满意，就随口说了一句：“你给我剪得太短了！”没有想到理发师听完之后有些激动地说：“这怎么能怪我呢？你在理发之前就应该跟我讲清楚，你不说，那我就只能按照我的审美来剪喽！”

本来我只是随口抱怨了理发师，但在听完这个理发师的回应之后，我的不爽瞬间上升到了顶点，从此他们便永远失去了我这个顾客。相反，我成了离这家理发店不远的另外一家理发店的熟客，我在之后的3年间一直找这家店的发型设计总监剪发，后来因为新家离他们的店太远才中断了。

这位设计总监是靠什么打动我的呢？其实这家店里第一个给我理发的人并不是他，当时我在他们店里买了一瓶发胶，使用的时候发现香味有些刺鼻，所以马上拿回去换，接待我的正好是这位设计总监。其实，在要求退还之前，我也没有抱什么希望。但令我没有想到的是，在我说清楚原因之后，这位总监竟然说：“很抱歉！这是我们的问题，没有事先跟您说清楚这种发胶的情况，我马上给您换一瓶。当然，如果您不想换其他的，我们也可以马上退钱。”就是这么简单的几句话，一下子打动了我。理发店不计其数，但是敢于说“这是我的问题”的理发店却屈指可数。

这些年，无论是成人培训还是青少年培训，不管是对企业还是对父母，又或者是对孩子，我都在不断地向人们宣导这个铁律的重要性。我发现，它不但能够让一个人变得受欢迎，更重要的是能够改变一个人的思考习惯和处事模式，在为自己赢得他人的信任和好感的前提下，还能为自己带来好运。很多使用过它的人会惊讶地发现，“哇！原来处理问题这么简单！”这么简单的一句话，竟然为自己一次又一次地迎来良好的开局，让接下来的事情朝着自己想要的方向发展。

但是大家要把握这句话的运用原则，“这是我的问题”并不是让你一味地去迎合和讨好，也并不代表问题和责任全在你身上。生活绝对不是简单的黑与白、对与错。生活中占更大比例的是黑与白、对与错中间的部分。人与人之间的交往，也是遵循同样的规律。对与错、黑与白，并不能让人们共赢。如果我们不能解决人们的情感需求，不能够在情绪的层面让人们得到最大的安慰，那么我们就很难受到他人的欢迎。

所以，“这是我的问题”是一种懂得自我反思、将自己当成问题根源的思考习惯，只有相信“一切问题皆由我而起，我就是问题的根源”，从自身找原因、找方法，才是解决问题的最有效的途径。当然，这更是一种勇于担当和为问题负责的体现。如果家长能够以身作则，把“这是我的问题”原则用到生活中的方方面面，为孩子做足榜样，那么你的孩子就会是一个受人欢迎的人。

比如，夫妻间闹矛盾了，其中一方带头说：“亲爱的，这是我的问题，我没有顾及你的感受。”家长与孩子之间有了冲突，家长带头说：“宝贝，这是爸爸的问题，爸爸下次一定会先照顾到你的感受。”……当我们不停地去践行这一条铁律的时候，就会发现夫妻关系改善了，婆媳关系好转了，亲子关系更融洽了。

最后，我再强调一点，如果你把这一条铁律当成玩弄他人、偷奸耍滑的伎俩，对方一眼就可以识破。真诚地道歉与假惺惺地道歉，说话的内容也许是一样的，但是对方感受到的态度却是截然不同的。所以，在说“这是我的问题”时，请一定要足够真诚，而不是只把这句话当作自己牟取利益的工具。

教孩子做个受欢迎的人（二）——眼里有活儿

再说说让孩子受欢迎的第二条铁律：眼里有活儿。

在和大量孩子接触的过程当中，我发现现在的孩子身上普遍存在一个现象：眼里没活儿。有一次我受邀去一个学生家里吃饭，孩子的妈妈正要把饭菜端上桌的时候，发现饭桌上摆满了水果和点心。我和孩子的爸爸在沙发上聊天，而孩子当时就坐在饭桌旁看电视。妈妈的表情明显有些着急，好像在说："儿子，快帮妈妈收拾出一个空地儿来，碟子太烫，妈妈有些坚持不住了。"可孩子瞥了妈妈一眼，然后又继续看电视了。我刚好看到这一幕，于是赶紧起身上前搭了一把手。那一刻，我感觉孩子的父母在这方面的教育是失败的。

这并不是个案，其实这种现象普遍存在于如今的孩子身上。比如说在夏令营里，老师忙前忙后、脚不沾地，很少有学生愿意主动上前帮忙，就连"老师，你需不需要我帮忙"这样的话都很少听到。仔细一看，你会发现这些学生的身高很多都超过老师了，但就是眼里没活儿，总让人觉得少了一点人情味。

我知道孩子很多时候都是无心的，因为他们从小就没有形成这样的意识。但从社会生存法则的角度上来看，这种眼里没活儿的情况是应该避免的。

我的公司在成立之初招了一批刚毕业的大学生，在和他们一起外出吃饭的时候，我发现十个人里面有九个人都像是木桩一样，往餐桌前一坐就再也不动了，稳如泰山，甚至连碗筷都要送到他们眼前，他们几乎没有服务他人的意识。试问一下，这样的员工又怎么能够让老板喜欢呢？再来反观那十个人当中唯一一个眼里有活的人，他忙前忙后为大家服务，时刻关注着他人是否有什么需要，关键的时候帮着端茶倒水，试问你会有什么感受？很多人会说，这样的人太傻，把自己放得太低，到头来别人反而不把他放在眼里。可我的社交经历却告诉我，层次越高、越有身份和地位的人，在这方面往往做得越好。他们的成功不全是偶然，他们总在关注别人有什么需求，总能够精准地给予别人最想要的，甚至是超出别人预期的惊喜。

我在一家教育机构工作时，当时这家机构深圳校区的刘春英校长就是一个特别受人欢迎的人。有一次我去北京出差，刘校长通过私人关系将我安排在北京的一个同事家里落脚，当我到达对方家时，发现床上铺的是一套崭新的被褥，同事说这是刘校长特意叮嘱他买的。这样一件小事情，让我一直放在心里。

我说的眼里有活儿，本质上是一种为他人着想的品质，更是为人处世的一种大智慧。如果你想让孩子变成一个受欢迎的人，一定要教育孩子眼里有活儿，懂得为他人着想。

那家长应该怎么做呢？

1. 从生活小事抓起

很多孩子在家里衣来伸手、饭来张口，这样的孩子又怎么可能眼里有活儿？所以父母一定要安排孩子做一些小事情。比如，饭前帮着端菜端饭，摆放碗筷；吃饭时帮着盛饭；饭后帮着收拾碗筷。这些都是在培养孩子为他人着想的意识。

很多父母对孩子太宠爱，处处把孩子当“爷”，舍不得碰，舍不得用，最后培养出来的往往是不懂感恩、眼里没活儿、以自我为中心的“巨婴”。有的父母还冠冕堂皇地为孩子找出很多理由，比如，“孩子做作业都没有时间，还是让他安心做作业吧”“这些小事我自己完全可以应付得来，没必要麻烦孩子”“我不想让孩子帮忙，他根本就做不好”。

平时疏于教育，出现问题了，哭天喊地，又有什么用呢？所以，家长一定要让孩子参与到生活的小事中来，而且越早参与越好，慢慢地就会养成习惯。

2. 鼓励孩子参与一些志愿者活动

比如，可以让孩子到敬老院、孤儿院、地铁站等地方参与一些志愿者活动，在服务他人的过程当中拥有一种成就感，从而养成看到他人需求的习惯。

3. 让孩子参与到成人的社交中来

家里来客人了，不妨让孩子跟着忙前忙后，做些力所能及的事情。在吃饭的过程当中，可以要求孩子帮着端茶倒水，甚至可以鼓励孩子参与到大人的讨论中来，还可以借助吃饭的时机教会孩子一些基本的社交礼仪，可以说是一举多得。

4. 教孩子解他人燃眉之急

从小到大，家长要向孩子灌输一种观念：不管在哪里，不要只顾着自己做事，一定要观察一下身边人是否有什么需要。尤其是看到别人有困难的时候，一定要出手相助。

当然，家长自身也要做好榜样。久而久之，你的孩子在这方面就一定会超越同龄人，成为一个受欢迎的人。

教孩子做个受欢迎的人（三）——有效赞美

教孩子做个受欢迎的人的第三条铁律是有效赞美。

赞美是一种成本最低、回报最高的人际交往方式，却常常被大多数人所忽视。有的人对赞美别人不屑一顾，认为是在刻意讨好，拍马屁。还有的人由于性格原因，虽然能够发现对方身上的很多亮点，却难以启齿，错过赢得他人好感的机会。还有一种人是真的把赞美当成刻意讨好、溜须拍马的手段，动不动就把人夸一通，其实别人一听便知，只不过懒得戳穿罢了。

所以，赞美听起来容易，不过是讲几句好听的话而已，但实际上要真正领会它，是一件非常难的事情。尤其是很多人向来比较含蓄，不太善于表达自己对别人的赞美和推崇。

那家长应该如何培养孩子赞美别人的能力呢？关于这一点，请家长一定要告诉孩子以下五个原则：

1. 赞美要真诚，这是赞美的先决条件

敷衍的或者说胡乱的赞美，就像是一件用糟糕的面料做成的漂亮衣服，看起来挺漂亮，穿在身上却特别难受。只有真诚的赞美才会让别人感觉像是穿了一件用料讲究的衣服，有着视觉和身心的双重享受。

因此，家长一定要告诉孩子，在赞美别人的时候，赞美的内容一定是对方拥有的、真实的，而不是无中生有的，更不能将别人的缺陷、不足作为赞美的对象。这也是很多孩子常用的一种恶作剧的手段。比如，孩子对一个写字不是很好的同学说："哇，你的字写得太漂亮了，我要向你学习！"或者对一个体形偏胖的同学说："你的身材太好了，你是怎么做到的？"这样的"赞美"是非常伤人的。

家长一定要告诉孩子："当你看不到对方身上值得赞美的地方的时候，保持沉默就是最好的赞美。而当你能够感受到对方身上的某些亮点的时候，请不要吝啬自己的赞美，一定要落落大方地告诉对方。"

2. 赞美要适度

赞美的尺度会影响赞美的效果。恰如其分、点到为止的赞美才是真正的赞美。如果在赞美的过程中使用过多的华丽辞藻，过度的恭维、空洞的吹捧，只会使对方感到不舒服、不自在，甚至难受、肉麻、厌恶，结果只会适得其反。比如，一个同学歌唱得不错，孩子却对同学说："你唱歌是全世界最好的，比专业歌手还好听。"这样的赞美只能让对方觉得太假。如果能换一种说法，比如"你的歌声特别吸引我，我听得很入迷，特别有画面感"，这样的赞美对方听了一定很高兴。

赞美之词不能滥用，一定要适度，一旦过了头就会变成吹捧。

3. 赞美要适时

马克·吐温曾说过："一句精彩的赞词可以代替我十天的口粮！"而我想说的却是："一句晚到的赞美就像是一张中了奖却没有兑现的彩票。"好话一定要及时说出口，赞美之词有的时候就像是调皮的精灵一样，稍不留神就跑了。如果在赞美别人的时候不能掌握好时机，错过了机会就像是马后炮一样，会让人反感。所以，家长一定要告诉孩子："赞美就像是刚出炉的包子，趁热吃才好吃，冷掉的包子只会让人倒胃口。"

所以，当我们看到别人身上的亮点时，一定不要迟疑，请马上大声地告诉对方。

4. 赞美要具体

请家长一定要告诉孩子一句话："赞美整体不如赞美局部。"具体化的赞美会让赞美的效果倍增。要具体而详细地说出对方值得称道的地方，让对方直接感受到你的真诚。

比如，去麦当劳里买冰激凌时，如果孩子对服务员说"阿姨，你人真好"，就不如说"阿姨，我们同学都说你卖的冰激凌又大又好"效果好。再比如，你带着孩子坐出租车时，孩子对司机说"叔叔，你的驾驶技术真高超"，就不如说"叔叔，你开车特别稳，我只有坐爸爸和你的车才不会晕车"效果好。

家长也要在日常生活中向孩子灌输这样的技巧。比如，孩子考试考得特别好，不要说"宝贝，你太棒了"，而应该说"儿子，老爸觉得你的心理素质特别好，每次都能够顶住压力正常发挥，你太让老爸刮目相看了"。

5. 要善于赞美别人

在传统的价值观念里，人们认为说好听的话是恭维人，甚至是炫耀口才，做人应该低调一点才好。而我想要说的是，请你告诉孩子：“一定要学会并善于赞美他人，无论是当众赞美，还是背后赞美，都能有非常明显的效果。”

自我保护力：教孩子抵抗外界的危险

有一所幼儿园在网上做了一份问卷调查，问题是："你的孩子会接受陌生人的食物吗？"只有 7.4% 的网友认为孩子会接受，可实际测试的结果是，75% 的孩子接受了记者的饼干。

绝大多数家长认为自己对孩子的安全教育做得很到位，根本想不到，当孩子离开自己的视线后，有多容易被陌生人带走。据统计，仅在 2016 年公开报道的性侵儿童案件就有 433 起，其中不少犯罪嫌疑人都会用食物、玩具作为诱饵，对孩子下手。

如果孩子独自一人的时候，不能拒绝陌生人递来的食物，就很容易发生危险。尤其是在低龄阶段，面对诱惑，孩子往往很难抵御，几乎是一瞬间，父母就能够看到自己平日的苦口婆心都化为泡影。

那为什么孩子很难抵抗外来的诱惑呢？

第一个原因：年龄越小的孩子自控力越弱

年龄越小的孩子，他们的自我管理能力还没有形成，在自己喜欢的食物面前就越容易投降。面对陌生人递来的食物，不需要付出任何代价就可以获得，这会让孩子的心理防线崩溃。

家长需要明白的是，孩子的这种表现其实很正常，当面对诱惑的时候，控制不住自己，是这个阶段的孩子的共性。但是，切不可因为是共性就疏于对孩子这方面的引导。

第二个原因：孩子分不清楚场合，缺乏场景辨别能力

给大家举两个例子。

场景一：孩子在同学家玩，同学家长给了孩子一个苹果，虽然妈妈说不可以随便吃别人家东西，但他还是忍不住伸了手。

场景二：在学校门口，一个陌生叔叔拿给孩子一颗巧克力，孩子犹犹豫豫半天，还是忍不住伸出了手。

我们很容易就能判断出“场景一”是安全的，“场景二”是危险的，可孩子最先关注到的往往是“眼前的食物是不是我喜欢的”，而忽略了对“给我食物的人是谁”的判断。所以孩子的场景辨别能力，是让孩子远离危险的重要能力之一。

第三个原因：缺乏安全意识

如果我们在吃的方面尽量满足孩子的要求，让孩子不缺吃，是不是就能降低美食对孩子的诱惑力呢？答案是否定的。孩子之所以抵抗不住食物的诱惑，不是因为他们缺吃的，自控力弱与缺乏安全意识，才是藏在食物诱惑背后的真正原因。

所以，提升孩子的自控力与安全意识，才是抵抗陌生人诱惑的有效方法。

那父母应该如何帮助孩子抵抗危险的诱惑呢？家长只需要记住三

个关键词：及时满足、明确边界、承认感受。

1. 及时满足

及时满足是指及时满足孩子合理的需求。你肯定会问："你前面不是说不能无限制地满足孩子的需求吗？"没错，确实不能无限制地满足孩子的需求，但我这里说的是及时满足孩子的合理需求，"合理"才是关键。

所以，家长首先要判断孩子的需求是否合理。主要从两方面看：

一是取同班同学物质需求的平均值来衡量，离平均水平不能差太远。这样既能够保证孩子在同龄人中不被孤立，又不会让孩子因为需求没有得到满足而备受压抑。

二是结合家里的实际经济状况进行评估。

如果你家里的经济状况比较好，孩子的吃穿用度好一点也无可非议。但一定要有一个度，"由俭入奢易，由奢入俭难"，如果孩子小时候习惯了高标准的生活，一旦长大后过不上这种生活，他是非常痛苦的，所以越是有钱，越应该让孩子的生活水平稍低一点。

如果家里的经济状况不太好，更不要因为怕委屈了孩子，而硬要让孩子的吃穿用度跟别人一样。这种死要面子活受罪的做法，不但不会让孩子自信，反而容易让孩子不考虑家长的经济能力，变本加厉地提高物质需求。

所以，及时满足孩子的合理需求是非常有必要的，这有助于孩子主动控制自己的欲望，不让"危险的欲望"有机可乘。

2. 明确边界

帮助孩子确立明确的是非边界，学会判断环境是否安全。

如果孩子缺乏对于情景的判断能力，面对诱惑，很多时候只会去关注食物本身。所以，这就需要家长明确地告诉孩子：

客人给的吃的，要经过允许后才能吃；

独自在外，任何人给的吃的都要礼貌拒绝；

商场中的保安和警察是可以值得信赖的；

去同学家做客，可以接受同学家长的招待；

……

尽可能地帮助孩子建立属于他自己的安全情境，明确是非边界。你甚至可以列出一个表格，把这些安全情境一条条列出来，哪些是孩子可以接受的，哪些是必须拒绝的，让孩子在独自面对诱惑时，迅速而直接地做出判断，也能够在面临危险的时候更快地找到求助对象。

3. 承认感受

孩子拒绝诱惑的过程一定是痛苦的，因此我们应该承认并肯定孩子抵抗诱惑的感受。当孩子在家长面前拒绝了别人递来的东西时，家长千万不要觉得这是孩子应该做的，而应该承认并肯定孩子的行为。比如，告诉孩子："妈妈知道你当时很想吃那块巧克力，但你拒绝了，那种感觉一定很不好受。可是你做到了！妈妈很替你骄傲。"

当孩子的感受被接纳的时候，即便最后没有吃到想吃的东西，孩子的自控力也会在潜移默化中提高。日积月累，下一次面对陌生人递过来的食物，他就能够更轻松地抵御诱惑。

作为父母，我们无法时刻在孩子身边保护他们，也无法为他们创造一个绝对安全的"真空环境"，但我们可以告诉孩子，这个世界上有好人也有坏人，要学会拒绝陌生人的诱惑，学会保护自己，不让自己成为下一个受害者。

培养孩子抗挫能力牢记六个关键词

有不少家长跟我反映说自己的孩子非常在意输赢得失，比赛甚至游戏都不能输，输了就耍赖、不愿玩。而且有的孩子特别害怕失败，如果他认为某项活动或任务有些困难，自己可能会做不好，就干脆放弃不做，根本连尝试的意愿都没有。孩子的这些表现所反映的问题就是我们说的抗挫能力弱。

作为一名青少年心理咨询工作者，谈起孩子的抗挫能力，我还是很有感触的。在和大量的孩子接触之后，我总结了三个关键词来形容当下的孩子："高智商""高敏感""高脆弱"。现在的很多孩子都是在父母的过度保护下成长的，没有任何的抗压力和面对问题以及解决问题的能力。

列别捷夫有句话说："平静的湖面练不出精悍的水手，安逸的环境也造不出时代的伟人。"所以，孩子在成长中的挫败经历尤为重要。

"天将降大任于斯人也，必先苦其心志，劳其筋骨，饿其体肤，空乏其身，行拂乱其所为，所以动心忍性，增益其所不能。"挫折是磨炼意志和提高适应能力的最好途径。

大家都知道珍珠，对我们来说，它代表着美丽；但对于河蚌来说，它却意味着折磨。一粒小小的沙子给河蚌带来无尽的伤痛的刺激，迫使它不断分泌物质来把这粒沙子层层包裹，经过岁月打磨，最终孕育出光彩夺目的珍珠。

孩子的生活何尝不是如此？因为有了痛苦和磨难，所以才有快乐和成就。因此，挫折便是孩子人生中的那些沙粒。只有放开手，让孩子经历挫折，他们才能拥有强大的抗挫力，拥有敢于面对困难的勇气和坚强的毅力。

可现实的情况却往往不是这样的。心理学家研究指出：当遇到挫折时，90% 以上的人会出现这五种反应：攻击、退化、压抑、固执与退却，而正面思考者的比率低于 10%。大多数人在遇到挫折时很容易陷入负面情绪，总是将失败归咎于负面的事物，习惯对自己一味地责备和否定，不懂得如何去调整负面情绪。

通常情况下，一个受挫能力弱的孩子会有以下八种表现：

（1）掌控情绪能力较差，容易冲动，要求得不到满足时就乱发脾气、哭闹。

（2）听好不听坏，受不了一点批评，光爱听表扬的话，一批评就不高兴，甚至哭闹。

（3）事事争第一，自尊心较强，好胜心强，好面子。

（4）不敢承认错误，经常指责他人，把失败都归结于他人。

（5）怕困难，遇到一点问题就退缩，不是找大人帮忙就是想放弃，或是怨天尤人。

（6）逃避现实，不肯面对失败，失败过后会懊恼、生气，甚至攻击他人。

（7）排斥新环境、新事物，不敢尝试新事物，不能适应新环境，很难融入改变了的环境。

（8）做事不能坚持，经常半途而废。

孩子抗挫能力差一定是有原因的，具体分析下来，主要有以下三方面原因：

1. 孩子个体因素

孩子的个性存在差异，有的孩子属于进取型，做什么事非得完成不可，否则决不罢休，表现为有点挑剔、追求完美的倾向；有的孩子属于怕输型，做事情不够用心，也没有坚持到底的毅力，很容易半途而废，或草草了事。

2. 家长自身因素

父母是孩子的第一任老师，孩子会通过观察与模仿父母，学习如何处理失败与挫折。如果父母在日常生活中较多地强调或者暗示凡事都要赢，好胜心特别强，孩子当然也会以此为准则。

有的父母自身缺乏承受压力和管理情绪的能力，喜怒无常，常常为爱预设条件，这会让孩子缺乏安全感和归属感。什么叫为爱预设条件呢？就是如果孩子表现出色，就人前人后夸耀不已；当孩子表现平平时，则难免显露出失望的神情。父母的态度会“逼着”孩子只许成功不能失败，以博得父母的赞许和关爱。

3. 家庭教育氛围

不少家庭面对孩子的事时会过度包办代替，帮孩子打理生活中的一切事务，甚至代替他们规划好未来的发展，让孩子缺乏足够的生活自理能力。生活在安逸环境中的人往往过于脆弱，只有不断经受困难和挫折的人，才具有坚强的意志和强大的生存能力。

有的父母期望过高，要求过严，当孩子失败时，又习惯用负面、消极的方式去否定孩子，让孩子心理压力过大，长此以往，孩子自然无法承受生活中小小的不如意，出现输不起、抗挫能力差的状况。

作为父母，我们应该如何培养孩子的抗挫能力呢？我总结了六个关键词，它们分别是：立正念、树榜样、抓心态、勤勉励、懂放权、迟满足。

1. 立正念

父母要树立挫折教育意识，认识抗挫教育的重要性。

很多父母总认为孩子年龄小，心理承受能力差，应该给予孩子全方位的保护，否则就容易让孩子产生自卑心理。其实这样的观念恰恰妨碍了孩子抗挫能力的提升。孩子在成长的过程中，早期的挫折经历是培养孩子坚强意志的最好方法。著名心理学家马斯洛说："挫折未必总是坏的，关键在于对待挫折的态度。"一个能笑看一切的人，抗击打能力必定会比一般的人强。具备很强的抗挫折能力的孩子在困境中依旧能够快乐前行。

所以，在孩子成长的路上，父母首先要相信孩子真的能做到。每一个孩子都有无穷的潜能，而父母的信任，是让孩子潜能开花结果的强大力量。信任，是轻轻放手，是拒绝急躁，是耐心等待。世间万物皆有它的造化，让孩子经历风雨，秉持"你能做到"这个坚定的信念，孩子就能结出百倍以上的果实！

总之，父母一定要记住这个公式：挫折 = 挑战，挑战 = 成长。

2. 树榜样

培养孩子的抗挫折能力，需要父母言传身教。

托尔斯泰曾说过：“全部教育，或者说千分之九百九十九的教育都归结到榜样上，归结到父母自己生活的端正和完善上。”我们常说“孩子是父母的翻版”“子女是父母的影子”，由此可见，父母的表率作用是不可低估的。所以，父母自身如何面对困难和挫折就显得特别重要。

很多家长都是以高标准去要求孩子，而自己在遇到困难和挫折时却总是抱怨、唉声叹气、焦虑不安的。我们如果自己都做不好，有什么资格去要求孩子呢？一个人是否有发言权取决于自己是否做得到、做得好，育儿也是如此。

因此，父母一定要做孩子的榜样，当孩子的伙伴。抗挫折能力的训练不是简单的1+1，随便教一下就可以学会的。父母一定要通过自身的言行教会孩子解决问题的正确态度，告诉孩子，当遇到困难、挫折的时候，要积极面对、认真思考、妥善处理。挫折不过是一个转弯，每一次的危机都是转机。当孩子学会独自面对挫折后，你将会发现孩子比原来更加坚强与茁壮了。

3. 抓心态

父母要传授孩子成功与失败的真正含义，让孩子以正确的心态看待成功与失败。

孩子输不起，或者不能面对失败，常常是因为父母赋予了失败和成功错误的定义。事实上，成功并不等于一定要赢过别人。

我们要将成功的含义以浅显的语言告诉孩子：成功是把一件事情尽心尽力地完成，而非把别人打败。我们要让孩子明白，完成事情本身就是对自己的奖赏，而不一定需要外在的肯定。同时，也让孩子明白，失败可能仅仅是未能达成预设的目标，但是，失败有时会让我们获得更多。

父母要经常和孩子分享自己成功与失败的经验，让他们知道，即使是父母也有失败的时候。和孩子讨论自己处理失败的方式及心路历程，会让孩子更了解父母，也更能让自己深入地思考成功与失败的价值和意义。

4. 勤勉励

要鼓励孩子克服困难和挫折，多肯定孩子。忌表扬过度。表扬要讲究策略，鼓励要找到点。

当孩子因失败而沮丧的时候，很多父母都心疼孩子，然后跟孩子说："宝贝，我认为你是最棒的。"其实这样说非但不能让孩子正视失败，反而会让孩子更困惑：既然你都认为我是最棒的，那为什么我还是没有处理好这件事情？

所以，以后当孩子因失败而沮丧的时候，父母一定不要用一句简单的"宝贝，我认为你是最棒的"来安慰孩子。父母应该对孩子说："孩子，别怕，你行的，这次算不上什么！每个人都会失败，关键是我们要从失败中总结教训，要有战胜困难的勇气。爸爸妈妈相信你下次一定可以比这次做得更好！"通过这样的方式给予孩子一定的信心，孩子的抗挫能力自然也就提升了。

父母要以了解、同情、支持的态度帮助孩子面对挫折，同时要处理好自己焦虑、紧张的情绪，以及想责备孩子的心情。

当孩子知道，不管他做什么事情，不管结果如何，背后都有人永远支持他，那么他一定会更有勇气向前走。而身为父母的我们，就是孩子最好的靠山。因此，当孩子犯错时，别只是责骂孩子，要先听孩子的想法，避免对孩子的错误过度指责。要安慰、鼓励，并指导孩子调适低落情绪，告诉他下一次怎么做，避免孩子钻牛角尖，陷入坏情绪里。

5. 懂放权

父母要给孩子松绑，给孩子空间，让孩子多去尝试一些未曾做过或者说不敢做的事情。

当孩子在做一件事情时，家长不能轻易代劳。例如，一个 2 岁的孩子捡不到正在滚动的球，感到很着急，有些家长就会上前一把抓起小球递给他。但你经常会发现，孩子并没有因为你帮他捡球而高兴。他可能会把你捡给他的球扔掉，因为他要的是自己能捡起来。

你帮他捡球，并不能满足他的需求，反而让他受挫。如果此时你还辩解说："宝宝捡不到，妈妈帮宝宝捡。"那么时间久了，他就失去了在困难面前坚持的能力。下次他遇到问题，就会习惯性地说："宝宝不会，妈妈帮宝宝做。"

一个孩子在生活中如果脱离了挑战，那么他是永远都不能得到进步的。在一个充满刺激的环境中长大的孩子，不管是面临何种困难，都能容易克服，我们应该在孩子的成长中不断鼓励孩子去接受一些小小的挑战，让孩子在挑战中提升解决问题的能力。

6. 迟满足

父母要训练孩子的忍耐力，让孩子学会等待，延迟满足。

学会等待，是抵抗逆境最大的一种能力。忍耐，不是与生俱来的，是需要我们在日常生活中慢慢培养的，当孩子学会了等待，就不但拥有了抗挫折能力，还具备了延迟满足的能力。

培养孩子学会等待，首先要让孩子有时间观念。比如，家长平日如果答应孩子某件事情时，可以说："宝贝，5 分钟之后妈妈就给你拿""2 分钟后妈妈就来抱你""1 个小时后我们就出发""要半个小时之后，我们才能吃蛋糕哟"。虽然孩子未必有那么强的时间概念，但长此以往，孩子就会慢慢地懂得等待。

如何激发孩子的学习动力

孩子上课不敢提问怎么办

很多孩子上课不敢提问，所以总是带着一些没有听明白的问题结束当天的学习。所有东西都是积少成多的，今天积累一个，明天积累一个，时间久了，孩子的成绩就被甩在后面了，甚至会慢慢地丧失学习一门学科的兴趣。

通过提问这件事情，可以折射出孩子学习方面的问题，但其实在我看来，家长更应该关注的是孩子心理层面的问题。作为家长，我们首先应该思考：孩子为什么不敢提问？或者说，为什么不愿意提问？我想这才是解决问题的根本。

其实仔细分析你会发现，孩子不愿意提问或者说不敢提问，无外乎以下五种情况：

第一种情况：在意外界的评论

这种孩子特别在意别人的看法。比如，这个问题我问了之后，老师会怎么看我？同学们又会怎么看我？他们会不会觉得我很笨，连这么简单的问题都不会？老师会不会觉得我没有认真听课呢？总而言之，你会发现他会天马行空地想出很多问题来难为自己。

第二种情况：玻璃心

一听这三个字，你就知道这种类型的孩子有多么脆弱，那颗心随时都有可能碎掉。他们不能接受失败，不敢面对挫折。对于没有把握的事情，他不敢轻易去尝试。即便是非常有把握的事情，还要在他比较有安全感的时候才会去尝试。

第三种情况：内向、自卑

这种类型的孩子别说是让他提问，平时让他主动跟老师和同学讲话都够难为他了，当然，玩得好的那几个铁哥们儿除外。

第四种情况：和老师的关系紧张

可能因为某件事情，导致孩子对老师有些看法，所以遇到不懂的问题，宁愿放在心里，也不想提问。甚至有的孩子气性特别大，比较记仇，一件事情发生很久了，依然不能释怀，没办法对老师产生好印象。所以，因为一个老师放弃一门学科的孩子大有人在。

第五种情况：孩子惧怕老师

有的孩子可能曾经受到过老师的严厉批评，或者说这个老师平时不苟言笑，非常严肃，很少用肯定、欣赏和鼓励的方式对待学生，取而代之的是否定、挑剔、批评，所以让孩子特别惧怕。这也可能是导致孩子不敢提问或者不愿意提问的原因。

让孩子意识到提问的价值

不同的原因，自然需要不同的方法应对。

假如你的孩子属于第一种的“死要面子活受罪”和第二种的玻璃心，请你送给孩子两句话：

1. 这个世界上没有任何人不需要提问

在《论语》里面有这么一段论述，子贡问曰：“孔文子何以谓之文也？”子曰：“敏而好学，不耻下问，是以谓之文也。”这里的孔文子是指卫国大夫孔圉，他死后被尊称为“孔文子”，而“文”这个谥号，对古人来说是一种极高的褒奖。整句话的意思就是，孔子的弟子子贡问孔子说：“为什么给孔文子一个‘文’的谥号呢？”孔子说：“因为他聪敏勤勉而好学，不以向比他地位卑下的人请教为耻，所以给他谥号为‘文’。”

你看，孔文子不耻下问，非但没有被别人取笑，反而得到了更多人的尊敬，甚至连孔子这样的大圣人都以他为榜样。孔子他老人家就是想通过“不耻下问”告诉自己的弟子们，当然也包括我们，平时不仅要向老师、长辈求教，而且要善于向那些看起来不如自己知识丰富的人请教，更不要把它当成耻辱。

相比而言，那些不懂装懂的人反而更容易被别人看不起。就连举世闻名的大哲学家苏格拉底都曾经说过：“我唯一知道的事就是我一无所知。”因为苏格拉底意识到，一个人的人生极其有限，没有办法经历世界上所发生的一切。所以，一个人不知道的事情多了去了。如果你不懂装懂，只会让你更加无知，反而更容易让别人看不起。

虚心向别人请教，反而能够让你花费最少成本，快速获取别人的思想财富，这是通向智慧的最短路径。

2. 会提问，是一种能力

很多人都曾经请教过希伯来大学校长班萨森，为什么以色列建国60多年，其国人就拿了12个诺贝尔奖，而全球诺贝尔奖得主，每5位中就有1位是犹太人？

班萨森校长这样回答："因为教育观点不同，犹太人喜欢创新，并将点子付诸行动，从家庭到学校皆如此。"

犹太小孩儿放学回到家，家长问的第一句话往往不是"你今天学到了什么"或者"考了几分"，而是"你今天在学校都问了老师什么问题"。不断地问问题，挑战真理，是以色列教育的一大特色。因此，以色列人不光是重视科学教育，而且教育的本身就富有科学精神，他们总是鼓励学生问问题，引导学生保持好奇心，培养学生富有怀疑的精神。

哈佛大学的教授班夏哈就是一个犹太人，他曾经说过："自信的人勇于进行批判性思考，他们会勇于提出问题，并且接受各种答案。"在我看来这就是创新的根本。一个人创新的能力取决于他向自己或者他人提问的能力，提出的问题越刁钻，角度越新颖，往往越有创新精神。而且大家都知道，创新是现在社会最重要的竞争力。所以，越是会提问、善于提问、敢于提问的人，在未来越具有竞争力。

允许内向的孩子寻找"另一条路"

在从事教育行业的这些年里，我遇到过大量家长总想着把内向的孩子变得外向。在我看来，它就像是把一粒花生米变成一颗核桃一样困难。而且有一点是我特别不能接受的，那就是很多家长总是用世俗的眼光去看待一个内向的孩子，他们总认为内向是一种病，得治。所以，他们总是和孩子的性格过不去，非要给他扭转过来，最终却屡屡受挫。

如果你的孩子刚好是因为性格内向，在课堂上不敢提问或者不愿意提问，你该怎么办呢？是不是就一定要找到一个对策，想方设法让孩子在课堂上提问呢？我认为这样做有些强人所难。这对他来说是一个非常大的挑战。就好比登高望远，对一个没有恐高症的人来说是一件非常轻松的事情，但对于一个有恐高症的人来说，却是极大的痛苦。所以，即便他偶尔一两次做到了，也并不意味着他能够长期坚持下去。因此，永远不要拿着一种标准去要求所有的人。

如果孩子真有福气，能够遇到一个懂他、欣赏他、善于激励他的老师，自然能够表现得越来越好。可如果他遇不到这样的老师，我们也不要去强求。

让孩子提问的目的是什么？最直接的就是把不会的题目弄明白，至于其他的关于培养孩子的积极性、与老师互动等，我们先放到一边。既然我们确定了最直接的目的，那么剩下的就是怎么弄明白的问题。课堂上向老师提问只是弄明白题目的一种方式而已。课后向老师提问可不可以呢？找身边的同学请教可不可以呢？回家找父母帮忙可不可以呢？自己再去研究教材可不可以呢？完全可以！目的很简单，那就是让孩子学会思考，懂得向他人提问和请教，不把当天的问题留到第二天，这才是我们真正想要的。

我一直强调教育的最好方式是四个字："助人自助"。就是帮助孩子通过他自己的努力，用他自己最喜欢的方式，达成他想要达成的目标。所以，即便孩子没有在课堂上提问，也并不是什么大不了的事情，请家长不要大惊小怪。当然，我也建议家长平时多和老师沟通，如果老师能够在课堂上多主动向你的孩子提问，那么这对于一个性格内向的孩子来说也是一件好事。

处理和老师的关系

如果孩子是因为和老师关系紧张，或者说害怕老师而不敢提问，作为家长又该怎么办呢？

我们首先来看，如果你的孩子害怕老师，你该怎么办。遇到这种问题的时候，你要先看看自己的孩子是什么样的性格。如果你的孩子本身就属于那种不善言谈、内向自卑的类型，遇到问题总是喜欢憋在心里，而不喜欢说出来，那可能就不是老师的问题，而是孩子自己的问题，这个时候我们就可以把它列入之前讲到的第三种情况。

假如你的孩子性格非常外向，在家里什么都敢讲，到了学校就“蔫了”，那就是俗称的“家里横”。在家里无法无天、敢说敢闹腾，一到外面就胆小，这种孩子往往在人际交往方面有所欠缺。如果是这种情况，家长可以找老师聊一聊，向老师说明情况，看看能不能让老师在班级里面多给孩子一些表现的机会，借此来培养他的自信心。当然，我也建议家长多带着孩子去参加一些相关主题的活动，比如说演讲与口才培训、小主持人培训、冬令营、夏令营等，参加这些活动都可以培养孩子的人际交往能力和语言表达能力。

还有一种情况可能是老师的问题，因为老师平时要管理很多学生，大部分老师还是比较喜欢对他言听计从的孩子，这是人之常情。如果孩子总是和老师唱反调，步调不统一，喜欢出风头，往往会遭到老师的呵斥，久而久之就会非常怕老师，甚至和老师关系非常紧张，孩子在心里会非常抵触老师。遇到这种情况怎么办呢？

如果你的孩子还没有上幼儿园，我建议家长在选择幼儿园的时候和老师多聊一聊，看看老师怎么处理与小朋友之间的矛盾，从侧面多了解一下老师，再决定选择哪家幼儿园。毕竟每个老师的能力是不一样的。

假如你的孩子已经在跟着老师学习了，遇到上述情况的老师，我建议家长一定要记住两个字："沟通"。家长在老师和孩子之间扮演的角色，就好比是夹在媳妇和妈妈中间的男人。一个男人如何处理媳妇和妈妈之间的关系，往往决定了婆媳关系的质量。同样，一个家长如何处理老师与孩子之间的关系，也直接决定了师生关系的质量。所以，不管你的孩子是怕老师还是和老师关系紧张，在处理这个问题上，家长一定要注意三个原则：

1. 就事论事，绝不说任何一方的坏话

家长一定要清楚自己在孩子和老师之间起到的是润滑剂的作用，是修复，是调和，更是促进。所以，一切不利于师生关系的话不说，一切不利于师生关系的事不做。要坚决捍卫老师在孩子心目中的形象，同时也要坚决捍卫孩子在老师心目中的形象。

有的家长喜欢吹耳旁风，在孩子面前喜欢说老师的不是，在老师面前又喜欢挑孩子的毛病。比如，有的父母经常当着孩子的面这样评价老师：你们的老师纯粹是有毛病，每天布置这么多作业，做到 11 点钟还做不完。还有的家长喜欢当着老师的面这样评价孩子：平时在家里一点卫生都不讲，房间弄得跟狗窝似的，臭袜子、脏衣服自己从来不知道洗。

像上面的评价，看似是在陈述事实，实际上是家长在发牢骚，这样只会破坏师生对彼此的印象，让师生间的关系恶化。所以，家长一定不要为了逞一时口舌之快，而破坏了师生间好不容易建立起来的好印象。

2. 防患于未然胜过亡羊补牢

很多家长一年到头都不知道找老师和孩子沟通一下，出了问题的时候又总是喜欢临时抱佛脚，表现出一副看起来很上心的样子。我只想送这样的家长一句话：早干吗去了？！

一个有智慧的人总是明白这样的道理：越是在身体没病的时候，越要保养。因为只有这样做才会让你花最少的成本，防范或者说解决最大的问题。所以，家长在平时一定要跟老师和孩子多沟通，及早发现一些苗头，将问题消灭在萌芽之中。

3. 当着一方多说另一方的好话

今年教师节当天的 0 点，我收到一条微信，是一个妈妈发来的，她说孩子在头天晚上就定好了闹钟，并且编辑好了信息，一定要在第一时间第一个向我说一声“教师节快乐”。

看完之后，我特别感动，一下子对这个孩子有了更好的印象。所以说，一个真正懂得处理关系的家长，一定会当着一方说另一方的好话，而不是拆对方的台。

总之，如果你的孩子和某一个老师关系紧张，在处理这个问题之前，你应该先自问一下，作为中间人，在面对这个问题的时候，以上三个原则你是否做得到位，然后再往下进行，一步步解决问题。

孩子的特长是“逼”出来的

很多家长都会选择让孩子去学一样乐器。一方面，是因为身边的小朋友都在参加各种各样的兴趣班，自己的孩子也不能落后；另一方面，也是为了拓展孩子的兴趣。真正为了把孩子培养成音乐方面的人才，倒是其次。

可是，让家长们感到非常痛苦的是，孩子经常会半途而废。甚至有的孩子是狗熊掰玉米，学一样丢一样。几年下来，琴棋书画、体育科技学了个遍，可没有一样是能够坚持下来的。最后的结果就是，家长被耗得精疲力竭，而孩子也觉得自己一事无成，感受不到半点儿成就感。

那如果同样的事情发生在自己的孩子身上，作为家长，我们该如何看待和处理呢？

我给大家的建议是，作为家长，一定要练好自己的内功和外功。

如何理解呢？所谓内功，是指家长要在认知层面改变让孩子学习某种兴趣的态度。

为什么这么说？因为很多家长从一开始对这件事情就不是太重视，只是把它当成一种兴趣培养而已，行就行，不行就拉倒。我把这个称为“买彩票心态”——没想着一定要中大奖，中了当然更好，不中也无所谓，反正对我的生活也没有太大的影响，就当是花钱买乐子。如果家长一开始抱着这种“买彩票心态”，那么这个过程中对孩子的要求、投入的精力自然会少很多，孩子也更容易放弃。

所以，家长在让孩子培养某种兴趣这件事上一定要有决心，不要抱着无所谓的态度。

我这样讲，并不是说要把这件事情变得多么严肃，弄得没有半点儿趣味可言，只是希望家长明白，孩子学会某种兴趣只是目的之一，更重要的是我们要借助这个过程让孩子明白做好一件事情应该具备哪些条件，比如毅力、认真、勤奋、专注等。花点真金白银，那都是小事，而孩子投入的时间和培养孩子正确的学习习惯却不是儿戏。

最怕的是，时间、精力和银子都搭进去了，孩子技能没有学会，却没了自信，没了毅力，遇事三分钟热度，半途而废。

所以，在学习每一样兴趣之前，千万不要头脑一热就做决定，这样只会把孩子培养成一个遇事拍脑袋决策、拍胸脯保证、出了问题就拍屁股走人的人。在做决定之前，最好给孩子一点儿时间考虑。比如说，给孩子一周的时间，到时候如果孩子还是坚持想学，再做决定也不迟。同时，在做决定之前一定要和孩子约法三章，让孩子明白，这是他自己的选择，应该对自己的每一个选择负起责任，中途绝不可以找各种借口放弃。

那什么是修炼好外功呢？就是需要家长有足够的耐心和毅力，同时还要有足够的体力和智慧。

相信每一位家长都深有感触，陪着孩子学习任何一样兴趣，绝对不亚于一场战斗。首先是孩子的耐心。孩子在学习每一样兴趣的时候，都会经历一个从心血来潮、手舞足蹈到十匹马都拉不动的过程。在兴奋期自然不需要家长过于操心。可到了疲劳期，就是真的考验家长体力、耐力和智慧的时候了。

以我朋友的孩子学习钢琴为例。刚开始学钢琴的那几天，小家伙兴奋得不行，说特别爱钢琴。去学校，每次弹琴都发挥得很好，老师也是连连夸赞，每次听得妈妈也是心花怒放，然后一拍大腿，斥资买了架钢琴。

钢琴买回家之后，趁着前几天的新鲜劲儿，孩子能够每天坚持弹半个小时，然而渐渐地练琴的时间越来越少，有时候甚至敷衍了事。很显然，这时孩子已经进入了疲劳期。

这个时候，如果父母逼着孩子练琴，孩子往往不会那么顺从，有时候还会跟他们对着干，有时候又各种拖拉和磨蹭。

幸好我的朋友是一位有智慧的妈妈，她总结了两条经验：

1. 精神鼓励

下班回家后，她的第一句话不是问孩子有没有练习钢琴，而是说：“宝贝，妈妈上了一天班很辛苦，你能不能给妈妈弹一首曲子，让妈妈躺着放松一下？”

在女儿弹的过程中，总会时不时地穿插几句鼓励。有时候女儿会说：“妈妈，我饿了，你怎么还不去做饭？”妈妈会说：“不行，我要听宝贝弹完这首曲子才去做饭。”或者说，“你答应妈妈，饭后再给妈妈弹一遍。”他们家里还设置了点歌日。比如，今天是妈妈点歌日，明天是爸爸点歌日，后天是爷爷或者奶奶点歌日。这位妈妈呀，就是通过不断地变换花样的精神鼓励，让孩子在获得认可的同时，保持对钢琴的这份热情。

2. 订计划

每天孩子放学后妈妈都会问：“宝贝，你今天的计划是什么？”然后孩子就会告诉她有哪些任务需要完成。比如说，需要做什么作业，大概什么时间完成等，而钢琴就是她每天的任务之一。时间久了，妈妈和孩子就会达成一种默契，当孩子完成任务后，妈妈会奖励孩子玩的时间。例如，可以玩一下 iPad 里的游戏，具体时间根据孩子完成任务的情况而定，但绝不允许孩子无节制地玩游戏。这位妈妈就是通过这样的方式培养孩子每天练琴的习惯和抗挫能力的。

其实每一种兴趣在疲劳期给孩子带来的挫折都是全方位的。有些是因为太难，孩子总是做不好；有些是因为机械性的重复，太枯燥，比如想练好钢琴的基本功，就必须不断地重复弹奏一些练习曲；还有一些是因为孩子怎么都没办法做得比别人好。

这些都特别考验家长的耐力、智慧和体力。如果不能够帮助孩子走出疲劳期，那么孩子多数情况下都会知难而退，最后一事无成。在这样的情况下，家长的耐心引导、及时的鼓励、没有怨言的陪伴，显得非常重要。

我们也相信在家长用心付出后，孩子终会明白，一分耕耘一分收获，每一份坚持都有其意义和价值。只要专注、用心地去做一件事情，不轻言放弃，这个世界上就没有做不好的事情。

我想这才是我们想通过让孩子学习某种兴趣收获的意义和价值。

揭开孩子粗心的深层原因

考试之后，很多拿到成绩单的孩子都会对家长说："其实我都会，就是粗心了……"真的是这样吗？我们也经常听到家长这么说："我家孩子其实挺聪明的，就是太粗心，每次考试成绩都不理想……"

其实，所谓"粗心"，表面看上去是不经意、不小心，带有偶然性，可背后很可能有着一定的必然性。这种表象背后的深层原因究竟是什么呢？粗心的背后又掩藏着什么问题呢？

对待孩子的粗心，家长不能太不以为意，因为粗心的背后常常说明孩子存在以下问题：

1. 孩子对知识掌握的熟练度不够

什么是熟练度？作为成年人，如果现在让我们做小学一年级的计算题，每一题其实对我们来说都很简单。

但是，当我们在计时的情况下完成 1000 道题，并不一定全对。如果平时经常做计算类的工作，很可能做得又快又准；如果平时疏于做简单计算，很可能又慢又错误百出。

解决办法：一道题目反复接触至少 6 次，并且每次都在思考，这样就会熟悉并产生记忆。

2. 孩子对知识的基本概念不清楚

还有一些题目，孩子认为自己是会做的，因为平时做对过，只是考试做错了。但事实是，很可能他们只看过 1 ～ 2 次，有一个模糊的概念，具体的细节到底是什么，并未深究。

在考试有时间限制和压力的情况下，人通常本能地选择自己大脑中最先搜索到的记忆存储，而这个记忆很可能是错误和有疏漏的。

解决办法：深挖根源。

有些题目老师稍稍一点拨，孩子就知道正确的解题方法。这些看似粗心导致的错误，其实是因为概念不清楚。这时候不能一改了之，而应该抓住小问题不放手，深入挖掘根源，运用类比、对比等方法，把相关的知识统统过一遍，彻底弄清楚。

小窍门：让孩子试着去讲解题目，如果能做到讲解题目，表示确实理解了。通常在讲解的过程中，孩子也会发现自己知识上的漏洞。

3. 孩子的习惯有问题

很多孩子写作业不认真，不检查，不喜欢打草稿，不肯写步骤等，也都是习惯的问题。还有的孩子做题喜欢跳过步骤，不但容易错，还会导致按步得分时得不到前半部分应该能得到的分。还有的孩子书写习惯不好，这也会导致一些问题。

解决办法：从小就注意培养孩子的学习习惯。

父母可以从以下四个小习惯入手训练孩子：

（1）慢慢读题。

提醒孩子，拿到试卷后，读题速度要慢，尤其是题目较长时，更要慢慢读、细细读。一边读一边思考，同时把重要的信息记录下来。

切记，题目没有读完不能妄下结论。这样一遍读下来，有用的信息就差不多全记住了，做题时就能正确运用所有的已知条件。那么，看错题目、看漏条件这些小事故就彻底跟孩子拜拜了。

（2）专心做题。

培养孩子的专注力。孩子要重视平时的练习题、作业，把它们当作考试题目看待。做题的时候先把电脑、手机关掉，然后集中注意力，快速地完成，之后再去休闲娱乐。慢慢养成专心做题、专注做事的习惯，粗心自然就会远离孩子。

如果平时做事力求“一遍做对”“每遍都有提升”，那么关键时刻才有可能一次做对。所以，需要用心投入，反复练习后才能成为本能。

如果题目做错了觉得没关系，常常会带来练习多次也无法做得比较好的结果。

还有就是将常做错的题目写在错题本上，认真分析错误原因，并制订训练计划，这样才能真正提高成绩。

（3）演算工整。

解答数学题时很多计算都在草稿纸上进行，草稿纸不用给别人看，所以很多同学就乱写一通。

相信孩子们都有这样的经验，如果遇到复杂题目，需要根据已知条件列出很多方程、计算式，然后费劲仔细观察这些方程、计算式，找出隐藏的关键信息，才能解出题目。

这时候如果自己草稿纸上的计算过程比较整齐，干净醒目，那么发现已知条件中暗含的关键信息就比较容易，更不会发生挪错数字、弄错符号等情况，解题过程自然一帆风顺。

（4）回头检查。

孩子做完一道题目后，要根据已有的经验判断一下结果的合理性。比如，解出来发现答案很奇特，不像正常答案，这时候就需要回头仔细检查一下刚才的计算过程。那么，干净整齐的草稿纸就发挥了另一个重要作用——方便检查。

总之，粗心是一种不好的习惯，一定得改掉。之前尝试过却没有成功的孩子，只是没有找到正确的方法而已。家长要帮孩子树立信心，下定决心，引导孩子耐心坚持，慢慢地孩子就能戒掉粗心的毛病，从而提高自己做题的正确率。

抓住两个关键，从底层培养孩子学习的兴趣

为什么很多父母看了那么多关于如何培养孩子的学习兴趣和提高动力的书，但还是感觉力不从心呢？书里的理论看起来也没什么问题，但似乎总是没什么效果，原因究竟是什么呢？

我认为是我们对这个问题的认识太浅。大家必须承认一个事实，那就是百分之八九十的孩子只是把学习当成一种不得不完成的任务，就好比百分之八九十的成年人只是把工作当成是一种谋生的工具，不得已而为之罢了。

既然把学习当成了任务，那就谈不上兴趣和动力，有的只是压力，是日复一日的听课、写作业和老师与父母的监督。关键是还要每天“加班”，那些效率高一点的孩子或许可以早点“下班”，可大多数孩子都要“加班”到好晚，有少数孩子甚至要到深夜。

我经常会让家长思考几个问题：如果你是孩子，每天要做他眼下正在做的事情，你会有什么表现？会比孩子好还是差？如果好，能好多少呢？

如果你能够认清我刚才说的这个事实，就不会再动不动就提兴趣和动力了。因为培养孩子的兴趣和提高动力是一件比较奢侈的事情，有可能到孩子踏入社会你也没办法做到。

那么你可能会问了，既然兴趣暂时无法培养，那我到底该做什么呢？当你能够朝着这个方向去思考问题的时候，你的“春天”就要来了。请记住，兴趣和动力虽然很重要，但是当孩子没有兴趣和动力时，也并不代表孩子就没有办法完成学习任务或者做好分内的事情。

那么问题又来了，当没有兴趣和动力的时候，孩子到底靠什么完成基本的学习任务呢？请大家记住两个关键：一是责任心，二是良好的自我感觉。

如何培养孩子的责任心

先来分析一下责任心。举个例子，你同时请两个朋友帮你做同样一件事情，为什么责任心强的那个能更好地完成？因为他心中有一个信念：既然答应的事情，就把它做好，这是我的责任，不能给对方添乱。而责任心弱的那一个往往就不会有这种想法，甚至还会为自己做不好找出各种理由和借口。

同样的道理，当孩子拥有责任心的时候，即便对学习没有太强的兴趣和动力，在责任心的驱动之下，也会努力做好分内的事情。责任心强的孩子，成绩一般也不会太差，因为他多数情况下都能够完成学习任务。

我常常和来找我咨询的家长说一句话：学习总在学习之外。要想培养孩子对于学习的责任心，我们不能总关注学习这一件事情，因为责任心来自生活的方方面面。当父母能够在生活中培养孩子的责任心时，孩子才会把责任心用到学习上。很多父母把这个顺序搞反了。

美国心理学家贝科尔认为："人一旦被贴上某种标签，就会成为标签所标定的人。"这在心理学上称为"标签效应"。家长要善用"标签效应"，经常给孩子贴上"负责任"的标签，孩子才容易做出与之对应的自我印象管理，使自己的行为与所贴的标签内容一致。

试想，当一个孩子认定自己在他人心目当中是一个负责任的人时，他怎么忍心破坏这种美好的印象呢？

很多父母都有一个特点：不善表达。我们总觉得孩子做得好，不需要表达出来，放在心里面就好了，甚至会觉得这是应该的；相反，孩子做得差的时候，又总忍不住发声。从此刻起你要记住：没有说出来的话，孩子往往是不知道的。

还有一种父母，孩子做得好的时候会说出来，但也只是简单的"你很棒""你做得特别好"之类的话。这虽然比不说出来强很多，可是标签效应不够强。要想给孩子贴上负责任的标签，就要在孩子做得好的时候，经常强调"责任"这样的字眼。手机有很多种，为什么你偏偏记住了华为、OPPO？因为他们把自己的品牌标签化了，反复出现在你的脑海，久而久之就成了品牌。当你经常给孩子贴上"负责任"的标签时，负责任也会成为孩子的个人品牌。

如何让孩子拥有良好的自我感觉

再来看第二个关键：良好的自我感觉。

大家设想一个场景，哪怕你不是特别喜欢当下的工作，但你与公司的同事、领导相处融洽，工作氛围愉悦，每天的心情都很好，你会不会更容易完成每天的任务呢？答案是显而易见的。很多孩子为什么会厌学？因为一眼看不到头，苦海无边。想想每天要面对枯燥乏味的学习内容，面对永远做不完的作业，父母、老师不断地督促、唠叨，甚至批评、责骂，如果换成你又会怎样？你只是疲于应付罢了。

所以说，让孩子拥有良好的自我感觉是非常重要的。

当面对孩子的学习，尤其是当孩子表现比较糟糕时，在你忍不住想要发作或者说采取行动时，一定要记得问自己一个问题："我这样说或这样做了，会让孩子感觉更好，还是更糟糕呢？"如果不能够让孩子感觉好一点，那么不如不做，或者说马上问自己另外一个问题："我是否能够换成另外一种方式，让孩子感觉好一点呢？"

举个例子，晚上10:30了，孩子还没有完成作业，并且还不急不慢、拖拖拉拉。在这种情况下，多数父母会做什么？估计免不了一顿吼。试问这样做能让孩子感觉好一点吗？不如换另外一种方式："儿子，妈妈看到你挺累的，困得不行，你去洗把脸，妈妈今天刚买了大苹果，我去给你削一个，吃完再回来做吧。"这样更能够让孩子对写作业这件事情产生良好的感觉。

再举个例子，很多家长总喜欢在暑期给孩子安排满满的补习班，但这样只不过是任务的堆叠而已。试问，这能够让孩子感觉好一点吗？我们想过孩子到底缺什么吗？在投入相同的情况下，我更建议大家安排孩子去参加一些特训营之类的活动，那样的回报一定会更大一些。因为这些活动最起码可以让孩子学到吃苦的精神，有点感恩意识，明白点做人的道理，培养孩子的社会能力，好过生硬地给孩子堆叠任务。

我建议父母把"让孩子拥有良好的感觉"作为一个目标。

在这里需要强调一点，这个世界上没有立竿见影的教育方法，如果你指望随随便便给孩子一点良好的感觉，他就能够变成你想要的样子，那未免太异想天开了。尤其是那些有着强烈的焦虑感，或者说孩子马上要参加中高考的家长，最容易犯这样的毛病。

父母跟孩子之间针锋相对，就好比是两个人打架，如果都不停手，那么只会愈演愈烈，只有一方先收手，冷静下来，局势才会瞬间转变。

面对孩子的学习，我们有时候真的需要理解。既没有兴趣又没有动力，每天又不得不做，而且任务繁重，这种情况下，如果再没有点儿好心情，试问还有什么理由坚持？与其一直在痛苦中做着痛苦的事情，不如让孩子暂时做点学习之外的有意义的事情，学习很重要，但不学习天也塌不下来。

孩子不爱学习，是因为你太重视学习

多数家长的传统思维是怎样的呢？如果用一句话来概括，那就是“头痛医头，脚痛医脚”。既然孩子学习没有动力，那就给孩子报辅导班，想方设法提高他的成绩。既然孩子缺乏学习的热情，那就逼着孩子将更多的时间和精力用在学习上面。哪里不行补哪里嘛。

那到头来问题解决了吗？父母们依然因为孩子的学习着急上火。

为什么这么做没用呢？如果不这么做，我们还能怎么做呢？我想说一句很多人可能会质疑的话：正是因为你太过于重视学习，所以孩子学习才会没有动力。

很多人可能觉得我在胡扯，但不管你认不认同，都不妨先听我来分析分析。

经过仔细观察后你会发现，现如今的多数父母都把学习当成天大的事情，家里面的所有事情都要给孩子的学习让道，可以耽误别的事情，但绝不能耽误学习。表面来看，这是非常正确的，说明家长重视学习，希望孩子有一个美好的未来，可实际上这也带来了一连串的问题。

我来举一个例子。曾经有一个初中生的妈妈找到我，说自己的女儿在学习上没有什么动力，问我应该怎么做。我给她的其中一条建议就是多安排孩子做点家务。结果这位妈妈毫不客气地说我不懂教育孩子：“你知道初中生的学习压力有多大吗？你知道我的女儿每天晚上做作业做到几点吗？她哪里有什么时间做家务！”在她看来，做家务纯粹是浪费时间。

我经常说一句话，现如今的孩子身在生活当中，却游离于生活之外。在很多父母眼里，孩子只要把学习成绩搞上去，其他方面都不是问题。所以，除了学习，孩子在家里面可以什么都不做，什么都不用操心。那么请问，孩子的生活体验在哪里？孩子作为一个完整的人，又体现在哪里？孩子对于生命的意义和价值的思考，又从哪里获得？

有一个词语叫“生命空间”，你觉得你的孩子的生命空间是丰富多样的，还是单一的？你把学习硬塞到孩子的生命空间里去，让学习几乎填满了整个生命空间，请问还有多余的空间填充别的吗？如果让你给孩子的生命空间打分，你又能打几分呢？如果你简单地认为学习就是学习，它和生活中的其他方面没有任何联系，那么你就永远不可能帮孩子找到学习的动力。

在《父母的格局》这本书里，作者黄静洁举了一个非常生动的例子。她经常会在暑假带着儿子去做义工，有一年他们去了非洲，加入了一个青少年组织，这个组织里面的成员一起利用节假日帮助当地的人做很多事情。作者说，儿子不仅通过这样的实践找到了生命的意义和价值，还非常崇拜这个组织的发起人，并且要把他当成自己学习的榜样。

我们从学习当中获得的是知识，但是学习的意义和价值往往是从生活当中获得的。如果一个人对生活没有体验，那么他从学习当中获得的知识就没有用武之地，他就不知道为什么而学习，又怎么可能会有动力呢？就好比黄静洁的儿子，如果没有在非洲的实践，他就不会有想要帮助更多人的想法；没有帮助他人的想法，他就不会明白为什么而学习。

再比如，一个不做家务的孩子，他就永远体会不到替家人分担的那份快乐，也很难有担当，没有担当就很难有责任心，没有责任心就很难产生通过学习让家人过得更好的动力。

做家务跟学习有关，旅游跟学习有关，运动跟学习有关，参加社会实践也跟学习有关，因为这一切都在填充孩子的生命空间。一个生命空间足够丰富的人，他对生命的认识和理解才更有深度，他才更容易看到生命的意义和价值，这样的人本身就有一颗上进心，对知识充满渴望。

请多关注一下学习之外的事吧，不要再给孩子找各种各样的借口了。请问，换一下垃圾袋 5 分钟够吗？扫一下地 5 分钟够吗？清理一下餐桌 10 分钟足够了吧？洗自己的衣服 10 分钟够吗？如果不够，30 分钟可以吗？请你相信，孩子不是没有时间做家务，而是你认为做家务对学习没有半点好处，你认为学习高于一切。

学习的目的是让孩子变得更加完整。当你把学习凌驾于一切之上的时候，问题也就随之产生了，因为他对生命的体验被你无情地剥夺了。因此，不要再把学习当成你剥夺孩子生命体验的理由和借口了，让孩子在学习之余也适当地体验一下生活吧，这样他就更有兴趣去学习了。

每天进步一点点，就能成为学霸

我们经常听到类似这样的话：“儿子这一次又没有考进班级前 10 名。”“女儿每天都学习到很晚，为什么成绩却没有明显的提高？”“我每个学期都会给孩子报辅导班，但是成绩就是提不上去。”“我天天早晨喊孩子起床，为什么孩子到现在还是一点时间观念都没有？”

仔细听一下你就会发现，家长的这些抱怨中提到的都是目的，却忽略了更重要的事情：每一次有没有更进一步。成功的人在自己前进的每一步上都会经营筹划。

有很多家长非常急躁，想一口气吃个胖子，结果适得其反。要知道，欲速则不达。善于思考的人，通常不是一步到位，而是每天都比前一天做得更好。

跟大家分享一个真实的案例：有一个让很多老师都头疼的孩子，初中毕业后没有考上高中。于是家人很无奈地把他送到了当地一所知名的私立学校，临走的时候，家人找到校长，希望他能帮孩子一把。

了解到孩子酷爱长跑，第二天早上，校长就出现在跑道上，并叫出那个孩子的名字。孩子很惊讶，因为从小到大还没有哪个老师一见面就能叫出他的名字，所以，他心里有了一种很微妙的感动。

在接下来的几个星期里，校长每天都会陪这个孩子跑步。一次跑步时，校长对他说："孩子，我想给你提个小小的建议，如果一个月之后你做到了，我就满足你一个愿望。"校长停了一下，接着说，"从今天开始，你能不能坚持坐在教室里？当然，只要不影响别人上课，你在教室里干什么都成。"

孩子很爽快地答应了。接下来的一星期里，孩子真的都坐在了教室里。不过，他基本上没怎么听课。

第二个星期，校长说："从今天开始，你是不是可以开始写点儿东西了？你想写什么就写什么。"孩子想，就找一些自己喜欢的东西抄抄吧。

第三个星期，校长说："从今天开始，你可以找自己喜欢的学科听一听，顺便记一下笔记。"孩子照着做了。

第四个星期，校长说："从今天开始，你试着去听听你不喜欢的课吧，其实有些东西也很有意思的。"

不知不觉中，孩子在一天天地变化着。唯一不变的是他们每天早晨都会长跑。

终于到了满足孩子愿望的时候了。其实孩子早就知道了每天陪自己跑步的是校长，而且，他们一起跑步的情景让班里的同学很是羡慕。孩子就说想和校长照张相。校长说："这好办！不过我希望与你第二次合影，是你考上大学的时候。"

3年过去了，出乎很多人意料的是，这个孩子竟然以优异的成绩考上了某重点大学体育系。

可现实生活中，有很多家长对于孩子的很多问题都是看在眼里急在心里，于是病急乱投医，到处寻找立竿见影的方法。到头来发现，钱花了，时间也搭进去了，孩子还是没有多少改变。

其实主要原因就在于我们太急功近利，尤其是在孩子学习方面，我们总觉得留给孩子的时间已经不多了，如果不能在剩余的时间里快速提高，孩子就没有机会了。于是，我们变得贪婪，不满足于孩子的点滴进步。

孩子变成了我们要快速催熟的某种水果，在家长这一针高浓度的催熟剂的刺激下，失去了它原有的味道。

我想告诉各位家长的是，你不可能一口气吃成胖子。每天进步一点点，才符合孩子成长的规律。只要孩子每天进步一点点，就会有一种超乎你想象的结果。而家长要做的，就是帮助孩子养成每天进步一点点的习惯。一旦孩子在这个小小的习惯上尝到甜头，就会“一发不可收”，在不断的自我超越中走向卓越。

在支持孩子的过程中，有一点需要家长注意：既然是每天进步一点点，那么最核心的自然是找到每天进步的那个点，只要找到这个点，再加上孩子持之以恒的努力，最终才会有大的进步。

这个点到底是什么呢?

大家可以回忆一下我在前面讲的案例，想一下那位校长是如何做的，他帮孩子找到的成长点都有哪些。我相信大家可以从中找到灵感。

请大家牢记：点不在多，也不在大，只要足够具体就可以了。

比如说，孩子今天学会了一道他昨天不会做的数学题；孩子没用父母叫就自己起床了；孩子今天比昨天提前了 10 分钟完成作业；孩子今天自己洗了衣服；孩子的房间比昨天更干净整洁了……这些点滴进步看似不起眼，却足以改变孩子。

因此，与其不停地焦虑，不如在这些点上和孩子一起进步，这样你的孩子会越来越优秀。

陪孩子写作业的三个层次

今天我们来聊一聊陪孩子写作业。因为这些年一直做教育，经常给孩子和家长们上课，所以遇到过很多案例，经过总结，我把陪孩子写作业分成三个层次，其中每个层次都代表着一类父母。

我先来抛出一个观点，那些在陪伴孩子写作业时“不作为”的父母反而不是三个层次当中最低的。听完之后你有没有觉得有点惊讶呢？

先声明一下，那些不陪伴孩子的父母不在今天的讨论范围之内。

什么是不陪伴孩子的父母，就是那些没有时间的家长，或者说有时间也不愿意陪伴孩子的家长。不管他们是由于什么原因，总之他们没有陪伴孩子度过这段过渡期，不是把孩子交给老人就是送去辅导班。他们觉得，孩子的作业写得好不好，取决于孩子自身的适应能力和努力程度，跟父母没有太大关系。

我们今天说的这三个层次，只针对那些有时间陪且愿意陪孩子学习的家长。

先来看第一个层次的父母，我把他们列为底层：过度用力型父母。

这一类父母陪孩子写作业的时候往往太用力，比孩子更焦虑，完全没有端正自己的态度，对作业的重视程度比孩子强百倍。因此，这样的父母常常处于愤怒、失望和河东狮吼的状态。

看到孩子写的字没有达到理想中的要求时，各种批评，拿着橡皮给孩子擦掉，甚至干脆撕掉一整页让孩子重写。

看到孩子口算题错了好几道的时候，忍不住指责的话语一句连着一句往外蹦：

“你怎么那么马虎！”

“你是榆木脑袋吗？”

“你怎么又错了这么多！到底有没有用心？”

“再错一个，就写 100 道 / 不准看动画片！”

……

这样的陪伴，对孩子来说，仿佛在“受刑”。一颗心战战兢兢，生怕写错算错，换来妈妈生气、一顿批，换来更多惩罚、更多作业。这个时候的孩子，不但要面对每天新学的知识和作业压力，还要面对家长随时可能发怒和突然降临的额外作业（惩罚）。

所以，我把父母这样的陪伴定义为“最糟糕的陪伴”。因为这种陪伴非但没有帮到孩子，反而让孩子压力更大。

父母劳心劳力陪着孩子，到头来却得了这么一个评价，是否会感到委屈？可是，你们换位思考一下，如果你们是那个孩子，希望被如此陪伴吗？

再来看第二个层次的父母：“不作为”的父母。

这一类父母有一个特点，他们的文化水平往往不高，所以反而没有在孩子的学习上过多地批评指正，而是安静地陪伴。

他们往往对孩子的生活非常关心，在学习上几乎是没有要求的。比如，不管考试考多少名，作业写到几点，写成什么样子，他们仿佛都不太在意。

现在的很多家长啊，怪就怪在自身的文化水平太高了，很容易看出孩子哪里做得不好、哪里写得不对。既然看出来了，怎么可能忍着不说呢？怎么可能眼睁睁地看着孩子写错做错呢？那不得憋坏吗？

他们还有一个毛病，不但要说出来，而且要马上说出来，仿佛晚一分钟就耽误孩子成才了。

如果一个有文化的家长端正不了心态，无法保持平和的情绪，那么他会的越多，在陪伴中传递出来的压力就越大，对孩子造成的负面影响也就越深。这种情况下他的“有文化”还不如“没文化”，他的“有作为”还不如“没作为”。

最后再来看第三个层次的父母。这类父母无疑是最高层次的，他们不仅知道孩子哪里做得不对，还知道什么时候该闭嘴、什么时候该说话，以及怎么说能帮助孩子更好地成长。

他们不仅通过陪伴给孩子必要的精神鼓励，还会不断增强亲子关系，帮助孩子建立良好的学习习惯和学习态度。

他们看得懂孩子，尊重孩子的节奏，不会用“我以为”的去要求孩子，会体会孩子的感受，顺应孩子的发展，给他必要的鼓励和引导，让孩子看到自身的长处和进步，慢慢地变得自信、独立。

你觉得自己处在哪一层次呢？

那么，怎么做才能够让自己更接近或者进入第三个层次？我们可以从以下四个维度入手：

第一个维度：降低期望

我们对孩子所有的愤怒和失望，都缘自期望没有达成。

举个简单的例子，如果孩子做数学题，你的期望值是做 20 道对 10 道就可以了，那么孩子做对 15 道，你就会非常开心，会表扬孩子；反之，如果你对孩子的期望值是做 20 道对 20 道，那么如果孩子做对了 15 道题，你就会生气失望，因为你的眼里只有你认为本不应该错的那 5 道题。

还有一种父母，本来挺佛系的，期望值是 10 道，可是看到班级群里面发布的正确率，一下子不淡定了，原来自己孩子排得比较靠后，于是，下一次把期望值调高了。

那么问题来了，作为父母，你有没有停下来好好地想一想，你定的这个期望值是否符合孩子的发展规律呢？

如果你的孩子是学霸，那么你的期望值应该定为多少？如果是中上游，你的期望值又该定多少？如果是中下游甚至垫底，你的期望值又该是多少？

你想过吗，每天你河东狮吼，绝大多数都是因为你的期望值与孩子的实际表现出现了巨大的落差。

这种情况下我们就要问问自己：我的期望值合理吗？我的方法正确吗？是什么原因导致孩子变成现在这个状态的？

如果你不能够从这些问题上面反思，就永远跳不出辅导作业的恶性循环。

举个例子，有些孩子是属于写作业求快，不求质量，选做作业从来不做的类型。他认为早早写完作业就有更多的时间自由安排，所以如果父母期望这种类型的孩子作业准确率达到 100%，那么就一定会崩溃，而孩子也一定会抓狂。

还有一种孩子，对自我要求比较高，就算是选做作业也要做到完美的程度。他每天晚上都会按照自己的节奏稳稳当当地把作业做完。但是这种类型的孩子有可能过于追求质量，而放慢了速度，如果父母老是催他，我想最后都会失望。

对于第一种类型的孩子，我们首先要把准确率的期望值降下来，可以尽量提醒他稳一点。父母要多拣孩子做对的题目去夸他认真、爱思考等。比如，“儿子，你看，这几道题做得特别好，尤其是这一道，虽然说有点难度，但还是被你攻克了，所以你是有能力的。你再看看这几道，看起来还挺简单的，是不是因为太小看它们，结果反而做错了？你再想想，妈妈觉得你肯定有能力征服它们。”

对于第二种类型的孩子，很简单，那就是耐心地陪伴，不要催促。

所以，当我们能够针对孩子的实际情况，灵活调整我们的期望值和应对方法时，我们就能够给孩子动力和力量。

注意，这里的关键是降低期望值。降低期望值是为了给孩子减轻压力，同时让父母更加清醒地审视孩子的客观条件，做到因材施教，而非用统一的标准要求自己的孩子。更关键的是，这样做，父母的情绪平和稳定了，也能给孩子更多力量。

第二个维度：别在孩子的伤口上撒盐

· 当孩子听写错了，被老师批评了，在群里被点名了；

· 当孩子考试成绩差了，被老师点名了，在群里贴照片了；

· 当孩子今天忘带作业了，没有完成背诵，给小组丢分了；

……

这些情况下，家长一定要端正好心态。如果你是孩子，你在学校经历了这些事情，你的心情如何？你希望回到家时，你的父母对你说什么？是重复一遍老师的批评，还是把老师的批评再上升一个层级？没有任何一个孩子的目标是“我要成为那个最失败的孩子”，每个孩子都有一颗“向上之心”。

所以，无论因为什么，无论你是否认为是孩子“自作自受”，那一刻孩子已经很难过了，请别再给他伤口上撒盐。这个时候如果你不知道该怎么做，可以参考以下三个选择：

（1）保持沉默。你要相信，什么都不说总好过乱说一通。

（2）留心观察。观察孩子接下来是否会对自己的行为做出调整。如果有，说明他已经意识到自己的错误，在改正，你要对他进行嘉许和肯定；如果没有，你可以再抽空跟他聊一下这个问题。

（3）可以当场跟孩子聊一聊，但不要火上浇油，重点是给孩子一点温暖与理解，同时了解一下事情的真相，和孩子一起看看，接下来能够做出哪些调整和改变。你要知道，做父母最容易的是锦上添花，最难的是雪中送炭。

第三个维度：培养孩子的责任心

很多父母天天陪孩子，却连“学习是自己的事情”这个道理都没有让孩子明白。一提到学习，父母比孩子还要急，还要上心，这样怎么可能把孩子教育好？

所以，父母从小就要引导孩子自己的事情自己做，同时要反复地告诉孩子哪些是他分内的事情。注意，“分内的事”可不单单指学习，还包括生活的方方面面。最关键的是，告诉孩子之后，还要要求孩子去做，要长期坚持，这样才能培养孩子的责任心。当孩子意识到学习是自己分内的事情之后，父母就省了一大半心。

第四个维度：教会孩子时间管理和做事的基本逻辑与顺序

在这个方面我建议大家给孩子找一些相关的书籍来看一看，或许对孩子会有比较大的帮助。

当然我们也可以参考下面四个步骤：

第一步，估算一下每项作业完成的时间。

第二步，计算一下完成所有作业的总时间。

第三步，制订写作业的计划，何时开始写，何时完成，先做什么，后做什么。

第四步，记录每项作业实际的完成时间，事后做总结和调整，不断进步。

在刚开始使用这个方法的时候，会有一个问题，就是耗时会长一些，孩子估算的准确率也会比较低。这个时候父母要保持足够的耐心，在一次次实践当中不断地调整误差，不断地提高孩子的时间管理能力和规划能力。

我也建议家长以周为单位，把本周的所有数据放到一起，做综合对比分析，帮助孩子更清楚地看待问题，助他成长。

这四个步骤对写作业慢、习惯拖延的孩子特别有帮助。一开始为了调动孩子的积极性，家长可以在孩子计算出当天作业完成的总时间之后（比如说 2 小时），告诉孩子："如果你从 6 点开始做，到 8 点就可以完成了，这样你还剩下半个小时看个动画片，或者玩游戏，又或者做自己喜欢的事情。"

学习是个长期的过程，不会一劳永逸，需要父母每天花点时间，多点耐心，长期坚持。对于一些自控力不太好的孩子，你可能花一两个月甚至半年时间都很难建立一个好的习惯，甚至好不容易建立起来的习惯，因为一个月的放松就可能回到了原点，这些都是常有的事情。这个时候千万不要灰心，也不要泄气。哪怕花了几年的时间都没有取得什么效果，也没有关系。不要看到别人家的孩子进步那么大，你就急了、乱了，孩子和孩子之间没有什么可比性。

这个世界上没有两个完全相同的个体，只要你的孩子在进步，哪怕非常缓慢，你也应该为他感到高兴，你要永远相信他是独一无二的。

猫和鱼的心理学实验：差生的逆袭之路

我把家长向我提的所有问题做了一个分类，发现出现频率最高的一个问题就是孩子不爱学习怎么办。之后我又把这个问题做了细分，又发现提这个问题最多的是初高中家长。这说明了一个什么问题呢？多数人永远都是亡羊补牢，只有极少数人才会未雨绸缪。

一个有趣的心理学实验

心理学上有一个叫猫和鱼的实验，一只猫被关在笼子里面，饿了两天，这个时候它特别抓狂。实验人员端了一盘鱼放到它的面前，这只猫就疯狂地想要去吃鱼，但是笼子是锁上的，它根本吃不到，它就在里面转来转去，急躁不安。实验者事先在笼子里面设置了一个按钮，当猫在笼子里面转来转去的时候，不小心按到了按钮，笼子就开了，猫就吃到鱼了。然后实验者再次把猫放回到笼子里面，重复以上过程若干次之后，实验者发现，当他们端来鱼的时候，猫变得越来越淡定，它会慢慢地走到按钮处，按下按钮，然后出来吃鱼。

也就是说，在重复的过程中，猫已经通过学习找到了正确的吃到鱼的方法。后来，实验者又做了一个尝试，他们直接把笼子打开了，猫就算不用按按钮，也可以直接出来吃鱼。大家猜猫会怎么做？没错，它还是会先按一下按钮，然后再出来吃鱼。

猫已经习惯了，形成了条件反射，不去按按钮反而会觉得难受。

找到孩子的那条“鱼”

其实我们人也是这样的。

最近我接了一个个案，案例中的男孩特别不喜欢学习。他的家境非常好，父亲是一个很成功的商人，所以男孩觉得，就算不学习，他的未来也是衣食无忧的。父母为了给孩子提供好的学习环境，花了大价钱，找人帮忙让他进了当地最好的高中。但是父母渐渐发现，孩子还是在里面混日子，一点也没有想要学习的欲望。后来，他们来找我做咨询，问我该怎么办。

说实话，这种情况实际上是很难处理的，我们常说“冰冻三尺，非一日之寒”，想要改变一个这么大的孩子又谈何容易呢。所以，我建议大家不要等到孩子出了问题后，才想到要教育，教育孩子一定要越早越好。不过，既然对方已经找到了我，虽然说我也很为难，但还是结合他们的家庭情况，设计了一个方案。

其实这个男孩就好比实验中的那只猫，要想激发这个男孩的学习兴趣，我们是不是要知道实验中的鱼和按钮对男孩来说分别意味着什么？请大家记住，鱼代表的是我们的核心需求，而按钮则代表满足核心需求的条件或者方法。

要想让男孩爱上学习，当务之急就是找到男孩的核心需求，也就是那条“鱼”。

通过跟男孩及其父母沟通，知道男孩一直有一个梦想，就是想当一名优秀的演员。用他自己的话说，他特别喜欢那种被万人瞩目的感觉。在翻看男孩朋友圈的时候，我发现他现在就已经特别注重自己的形象了。

搞清楚了“鱼”是什么，问题就变得简单多了。接下来最重要的工作是不是寻找“按钮”呢？不是的。

大家都知道猫虽然喜欢吃鱼，可是一只已经吃饱的猫还会对鱼有那么强烈的渴望吗？实验中的猫之所以会那么抓狂，是因为它被饿了两天。可是案例中的男孩呢，难道说在遇到我们之前，他不知道自己有一个演员的梦想吗？其实他是知道的。那为什么他没有为了这个梦想全力以赴呢？因为还不够饥饿，说白了就是没有一定要实现这个梦想的渴望。

所以，眼下最重要的不是寻找按钮，而是激起他对演员这个梦想的强烈渴望。

那我是怎么做的呢？男孩的父母找我的时候，刚好是高二下学期，快要放暑假了。因为男孩是辽宁沈阳人，于是我就让男孩的妈妈带着男孩到中央戏剧学院、北京电影学院、中国传媒大学及上海戏剧学院去参观学习。我对他们的要求是一定要想方设法在里面旁听几天课程，并且认识几个里面的学长学姐，然后互留联系方式。我还给男孩布置了一个作业：要告诉我他最喜欢哪一个学校，并且说出喜欢这个学校的 20 个理由。

一个月之后，男孩非常兴奋地跟我说，他最喜欢的是北京电影学院。他的理由当中有几个是我印象特别深刻的，比如说他最喜欢的几个演员就毕业于这所学校。还有他在旁听的时候认识了一个小姐姐，是他心中的女神形象，他特别向往和这样的小姐姐在一起学习。听到这里，我知道男孩的渴望已经慢慢地被调动起来了。但是我认为还不够，一定要趁热打铁，再给他加“一把火”。于是，我让男孩和他的母亲一起去了解北京电影学院暑假都有什么集体活动，让他们想方设法报名参加。

后来，他们参加了暑假的7天6夜的影视夏令营，在夏令营结束之后，男孩在电话里斩钉截铁地跟我说：“我一定要考上北京电影学院！”

找到按钮

到这里，我觉得火候差不多了，男孩对于梦想的渴望那团火已经被完全点燃了，也就是说实验当中的猫和鱼都有了，剩下的就是给男孩一个按钮。

那按钮是什么呢？于是我问男孩：“你说要考上北京电影学院，请问你的方法是什么呢？你以为说一说就可以考上了吗？要想达成这个目标，你觉得该做出什么样的努力呢？”

男孩听完，跟我说：“我还剩下最后一年的时间，所以我一定要付出很多努力。”

“你准备怎么努力呢？你的计划和具体的行动步骤又是什么呢？”在我的层层追问之下，他给自己制订了一年的学习计划，并且要求他的父母和我作为监督人。

截至我写这篇文章，这个计划已经执行了半年，在这半年的时间里，男孩确实发生了很大的变化。虽然说在这个过程中他有过动摇，想过放弃，但是最后都挺了过来，更重要的是，这一切的努力都是他心甘情愿的。

为了强化男孩对于“鱼”的渴望，我还要求男孩再去参加北影的冬令营。我知道男孩只有对鱼有着足够的渴望，才会对按钮形成条件反射。至于第二年高考男孩是否能够如愿考上北京电影学院，我也不敢保证。我相信即便没有达成最终的目标，回头看这一年，男孩也会从中收获很多。

通过以上这个案例，希望大家能够明白，要想让孩子做成一件事情，梦想（也可以称为渴望）、动力和能力，三者缺一不可。

有一点需要大家注意，比以上三者更重要的是孩子的成长环境。为什么在这个案例当中，我没有去重点讲成长环境呢？因为男孩就读的学校本身就是一个学习氛围非常浓厚的重点学校，所以他的学习环境是没有问题的。假如说他读的是一个学习氛围没那么好的高中，那么有可能情况又不一样了。总而言之，我希望大家明白，环境就是一个大染缸，再优秀的人放错了环境，也很容易被染上不好的色彩。想要让孩子主动学习，为孩子创造一个良好的成长环境也是极为重要的。

点燃孩子内心热爱学习的那团火

2020 年年初，受疫情影响，孩子们在家隔离的那段时间，有的孩子每天都准时上网课，认真完成老师的作业；有的孩子躲在被窝里面，一边开着《王者荣耀》，一边上着网课；还有的孩子干脆上午睡觉，下午再上课；更有的孩子几乎完全放弃了学习。

很多家长会感慨，为什么爱学习的孩子都是别人家的！难道我的孩子天生不是学习的料吗？

当然不是。天底下没有任何一个孩子渴望把自己变得越来越糟糕，之所以差别那么大，主要是因为孩子的自尊水平不一样。

什么是自尊水平？举个例子，有的孩子认为自己是一个有责任感的人，学习可以让他变得更好，所以他愿意全力以赴完成这件事情。而有的孩子却没有这样的责任感，只是随性地学习，高兴了就学，不高兴就不学。前后两种孩子的自尊水平不一样，这就是同样资质的孩子，行为表现相差那么大的重要原因。

那自尊水平会受什么影响？

我们来到这个世界，从出生到死亡，都在追寻两样东西：归属感和价值感。归属感，就是感觉到自己被爱、被理解、被接纳、被喜欢。比如说，如果孩子感觉父母是爱自己的，老师是喜欢自己的，同学朋友是认可和接纳自己的，这种感觉越强烈，他的归属感就会越强。价值感，就是感觉到自己有用、有影响力、有能力，被他人所需要。

我们的自尊水平受到归属感和价值感这两种感觉的滋养。这两种感觉的强烈程度，决定了我们如何看待自己，喜不喜欢眼中的自己。

自尊水平也决定了一个人的自律性。一个孩子自尊水平越高，他的自律性就越强。相反，如果孩子的自尊水平很低，他就会觉得他是一摊烂泥，他不行，反正他什么也做不到，那么他就会自我放弃，没有自律性可言。

大家不妨回忆一下，我们每天在家里教育孩子的时候，是在帮助孩子建立高的自尊水平，还是在不断地打击他们的自尊水平。我们有没有天天跟在孩子屁股后边不断地唠叨："你看你老是这么粗心。""你总是管不住自己。""你一点时间观念没有，拿到手机就玩得停不下来了。""这道题都教了八百遍了，到现在还不会。"

这样的指责和唠叨，会让孩子的自尊水平不断下降，孩子不断地被你催眠："我没用，我什么都做不好。""我是一个不自律的人，是一个管不住自己的人，是一个没有时间观念的人，是一个很笨的人。"

最后，孩子就慢慢地丧失了羞耻之心、上进之心，甚至会自暴自弃——"既然我是一个这么差劲的人，那我努力也没有意义。"

很多家长早晨送孩子上学跟打仗一样："快点起床！""赶紧走，校车来了！天天这么磨蹭，你能不能动作快点？"

我曾经问过一些家长，为什么每天都要这样催促呢。答案几乎是一样的："为了帮孩子养成一个良好的管理时间的习惯。"其实这样做非但没有达到目的，还只会让孩子养成一个把父母当闹钟的习惯。很多孩子，高中都读完了，还没有办法管理好自己的作息时间。

在催促孩子的过程中，父母的火气越来越大，从提高语调到拍桌子，再到大吼大叫，甚至推搡孩子，出手打孩子。有一个妈妈跟我说：“老师，我都快疯了，真拿这个孩子没办法了，他的脾气又大，那股倔劲儿一上来，就一直跟我对着干，我感觉越来越管不了他了，你说我该怎么办呢？”

这位妈妈真的是为了让孩子学会自我管理吗？未必。从她的话语当中，我感受到的是一种控制欲，她最强烈的目的是赢了孩子，而不是赢得孩子。赢了孩子是让孩子屈从，而赢得孩子是让孩子愿意主动配合，主动改变。

其实这位妈妈只需要做一件事情，就是让孩子认为自己是一个有时间观念的人。当他意识到，有时间观念可以帮助他变得更好，而他特别喜欢那个更好的自己，他就会自发地改变。

去年夏令营期间，有老师跟我反映，班里面的某个男孩老是拖拖拉拉，每次都让大家在宿舍楼下面等他半天，提醒过很多次都没有用。

有一次课间休息，我跟他沟通了这件事情，他说是因为宿舍里面的被子很难叠，总是占用很多时间，还有就是孩子们都会带一个私人水壶，接水的时候要排队。

听他说完，我给他竖起了一个大拇指，然后说：“你知道吗，在叠被子这件事情上，老师看到了你的责任心和遇到困难不放弃的好品质。你为了让宿舍的环境更好，不拖大家的后腿，会想着努力把被子叠好。而且被子那么难叠，你都没有放弃，说明你是一个不会被困难轻易打倒的人。”

听我说完之后，男孩的眼里瞬间有了光彩，马上挺直了身体，紧接着我又跟他说：“现在还有一道难题摆在你面前，就是因为叠被子和接水会占用不少时间，这会导致你下楼集合的时间比大家晚，他们要等你。你要想想怎么样才能够让大家不等你，你愿意试着克服这个困难吗？”男孩使劲地点了点头。

最后我说：“我相信你一定可以，也会一直关注你的表现，加油！”

后来让我觉得既搞笑又很感动的一幕发生了：听老师反馈，这个孩子为了不让叠被子占用自己时间，中午休息的时候竟然选择不盖被子，直接把叠好的被子放一旁。很显然这不行，孩子很容易感冒，于是我接着去找他沟通，鼓励他想别的办法。

通过这件事情，我想让大家明白，你想让孩子成为什么样的人，首先要让孩子觉得他是一个这样的人。你想让孩子有时间观念，就必须让孩子觉得他是一个有时间观念的人；你想让孩子有责任心，就必须让孩子觉得他是一个有责任感的人；你想让孩子自律，就必须让孩子觉得他是一个能管住自己的人。

很多父母可能会说，老师，我还是不知道该怎么做。比如说，我的孩子无论是学习态度还是学习动力，或者说学习习惯，都是特别不好的，这种情况下，我怎么去提升孩子的自尊水平呢？

孩子过往的表现和成绩并不影响你去提升孩子的自尊水平。就算你的孩子再差，你也能找到提升孩子自尊水平的方法。

就算你的孩子在学习上处处不让你省心，他也有做得相对来说比较好的时候。比如说，昨天晚上花了 4 个小时写完作业，今天只花了 3 个半小时，虽然和效率高的孩子相比还是有些拖拉磨蹭，但这不是你应该关注的，你真正应该关注的是孩子与昨天的自己相比取得了什么样的进步，以及这次进步让你看到了孩子身上什么样的好品质。

有智慧的父母可能会借助这样的机会告诉孩子："丫头，你今天完成作业比昨天少用了半个小时，效率比昨天高了很多，看到你进步了，妈妈很替你开心。妈妈一直相信你是有能力做好时间规划的！"这样的评价无疑是在告诉孩子，她是一个有能力做好时间规划的人，这会让孩子感觉到被认可、被鼓励，这不就是在提升孩子的自尊水平吗?

很多父母喜欢用打压、羞辱、责备、控制的方式，让孩子做出改变，这只会降低他们的自尊水平，也不能换来孩子主动改变的意愿。孩子或许会暂时屈从，但从长远来看，往往是令人失望的。

永远要记得，让孩子喜欢那个变得更好的自己，这是一种由内而外的学习动力。

行为养成：

如何让孩子拥有好习惯

如何帮助孩子培养责任心

我们常常会在学校门口看到这样的画面：大人左手拎包拿水壶，右手牵娃，感觉更像是要到学校读书的学生；孩子读到初中了，从来不知道做家务是怎么一回事，甚至连自己的衣服都没有洗过一两回；孩子卧室的私人物品到处乱扔，乱得像狗窝，父母不动，永远不知道收拾。这些其实都是孩子缺乏责任心的表现。

大家应该都听说过曾经连任两届美国总统的里根小时候的故事吧。里根在马路上和小伙伴们踢足球，不小心踢碎了路边一户人家的窗玻璃，房屋的主人很生气，要求里根赔偿 20 美元。虽然里根很诚恳地请求主人原谅，主人还是要求赔偿。无奈之下，里根只能回家向父母求助。父亲知道后并没有批评里根，也没有跟着他一起去赔偿，而是借给里根 20 美元，并约定 1 年后还清。为了还清欠款，里根利用课余时间打工，想尽一切办法赚钱，他曾经在马路上擦过皮鞋，早起送过报纸，还到餐馆里洗过盘子。1 年后，他终于挣够了 20 美元，交给了父亲。

父亲很欣慰地说："能为自己的过失负责的人，将来一定会有出息的。"

"少成若天性，习惯如自然"，良好的习惯一定是从小养成的。父母应该如何从小培养孩子做事认真负责、有担当的好品质呢？

1. 划清界限

所谓划清界限，是指父母一定要告诉孩子哪些是自己的事情，自己的事情要自己做。关于这一点，说起来其实也很容易，只要我们做父母的懒一点儿、笨一点儿、坏一点儿、狠一点儿，别事事都替代孩子去做，别什么都管着孩子，给孩子更多自由和自主，鼓励孩子把自己的事情做好就够了。

孩子会爬了，就自己爬去找自己想要的东西；会走了，就自己走路，尽量不让父母抱；会说话了，就要自己去表达；能穿衣服了，就要自己穿衣服；会玩玩具了，就自己学着收拾玩具；外出时，自己背上小书包，带上水杯和卫生纸；去幼儿园，要学会和小朋友和睦相处，懂得遵守园里的纪律和老师的要求；上小学了，就自己背书包，自己记作业，自己写作业，写完自己收拾小书包。能做到以上几点，孩子的责任心往往就不会差到哪里去。

对于很多父母来说，定规矩容易，做到却很难。因此，当这个界限划清楚之后，父母首先要做到的就是一定要说话算数，孩子的事情不可以插手。父母一定要"狠"下心，耐住性子，让孩子自己做完。也许刚开始的时候做不好，或者做得很慢，但这是必须经历的过程。

有时候，不是孩子不愿意做，而是我们做家长的不愿意放手。因为我们没有耐心，不愿意等孩子慢慢悠悠地完成，也害怕孩子弄得一团糟再去收拾。可是，我们的不忍心、没耐心，却恰恰让孩子失去了锻炼的机会。

父母应该如何引导孩子对一件事情负责呢？举个例子，孩子要求养一条宠物狗，大多数父母觉得既然孩子喜欢，那就买一条，可现实的情况是孩子经常三分钟热度，宠物狗买回来之后，三五天的新鲜劲儿一过，就丢在一边不管了，成了给父母买的，让父母跟在后面擦屁股。这样非但不能让孩子学会对一件事情负责，反而会变本加厉，今天他让你买一条宠物狗，明天就会让你买一只宠物猫，后天再让你整只宠物猪，最后家里变成动物园，你忙得脚不沾地，孩子玩得不亦乐乎。所以，为了引导孩子对一件事情负责，在买之前就一定要跟孩子说好，狗可是他要买的，不是给爸妈买的，所以他要负责照顾。等小狗买回来之后，需要他做哪些事情，怎么去做，这些都要事先说好，约法三章。如果孩子做不到，或者表示不想去做，那就不能买。总而言之，父母一定要通过这样的方式让孩子明白，自己的事情要自己做，别人代替不了。

讲到这里，有一点需要特别强调，那就是分担家务。父母从小就要让孩子明白，自己是家庭的一分子，有责任也有义务来做家务，一定要让他干些力所能及的活儿，而不是衣来伸手饭来张口。

就拿洗碗来说吧，在孩子两三岁的时候，父母就要有意识地引导孩子，吃完饭之后要把自己的碗筷放到厨房的指定位置。大一点的时候，可以要求孩子把自己的碗筷洗干净。再大一点，就应该要求孩子清洗全家的碗筷了。所有习惯都是从生活的点滴中养成的。可现实是，很多父母总是喜欢替孩子找理由："孩子吃完饭之后要忙着做作业。""孩子太小，怕打破碗碟。"你怎么就不担心把孩子养成白眼狼？父母真应该在心里面好好地问问自己：孩子的责任心和学业哪个更重要？孩子的责任心和几副碗碟哪个更值钱？相信在你的心里是有一杆秤的。

2. 面对错误，勇于承担

每个人都会犯错，但区别在于有些人愿意改正，有些人选择逃避，还有些人甚至歪曲事实。那么孩子犯错时，家长就要在一旁督促提醒孩子，做出正确的反应，教育孩子做错了事情要自己承担后果。自己弄脏的地面或者吃完东西制造的垃圾要自己收拾干净；不好好吃饭就要挨饿；不好好写作业就要承受老师的批评……让孩子尝到后果比唠叨说教强上一百倍。比如，孩子打翻了牛奶倒在床上，一般的父母只会顾着收拾战场，又是换，又是洗，又是晒，就是没有意识到借此机会去教育孩子。孩子犯了错误，往往受惩罚的都是父母，这样又怎么能培养孩子的责任心？所以，最好的方式就是让孩子自己打水洗床单，然后晒干，这样才能让孩子明白自己犯的错应该由自己负责，没有人会为他擦屁股。同时，也让孩子明白了为什么不能在床边或床上吃东西。

一个孩子承担责任的大小跟他个人的成就往往是成正比的。我经常跟孩子们讲："当你能够对自己的人生负起责任的时候，你就可以做一个出色的个人；当你能够承担起一个家庭的责任的时候，你就可以是一家之主；当你能够承担起一个班级的责任的时候，你就可以做一个好班长；当你能够承担起一个学校的责任的时候，你就可以是一校之长；当你能够承担起一个城市的责任的时候，你就可以是一市之长。"一个真正有格局的家长，一定会有意识地引导孩子去承担起这些责任。

家长也完全可以把这些话说给孩子听，让孩子做一个勇敢的人、一个敢于承认自己错误的人、一个勇于担负责任的人。

3. 自我检讨

要想将孩子培养成一个负责任的人，就要从小教会孩子凡事先从自己身上找问题，不要把问题归咎于外界。一定要告诉孩子，只有弱者才会把问题归咎到社会和他人身上，而强者总是先从自身找问题，完善自己，提高自己。所以，父母一定要教会孩子说一句话：“这是我的问题。”

如果孩子摔跤了，不要拍地板，告诉孩子是地板的不对，而是要让孩子说“这是我的问题”，是因为他自己的失误才导致了摔跤；考试没有考好，要让孩子明白“这是我的问题”，是因为自己学得不够扎实，没有认真地复习；上学迟到了，要让孩子明白“这是我的问题”，是因为自己对这件事情不够重视，没有事先调好闹钟。当然，在这方面，家长要起到带头作用，不能引导孩子把责任推给外界。所以，父母一定要带头说“这是我的问题”。

孩子不懂得感恩，这是我的问题；孩子在外面惹事了，这是我的问题；没有处理好夫妻关系，这是我的问题；缺少对家人的陪伴，这是我的问题。当一家人都能试着从自身找问题的时候，孩子的责任心自然就提高了。

最后，我想说的是，责任心就好比孩子为自己开设的一个银行账号，孩子的责任心越大，里面的存款就越多，他的一生将会有享用不尽的利息；而如果孩子从小缺乏责任心，那么这个账户就会一直处于欠款状态，他的一生将会有还不完的债务。

如何改掉孩子赖床的习惯

经常会听到一些家长说，孩子每天早上都喜欢睡懒觉，醒了也不肯起床，好话说上一箩筐也不管用，每天早晨叫孩子起床是他们最烦恼的事。

赖床其实是属于孩子生活习惯的范畴，如果一个孩子每天都需要家长跟在屁股后面叫着起床，那么通过这一件小事，我就可以知道这个家长在培养孩子生活习惯方面是不合格的，他不单单培养不好孩子的起床习惯，在别的习惯的培养上肯定也是束手无策。咱们中国的古语中有“管中窥豹，可见一斑”的说法，意思就是说从观察到的一小部分就可以推测事物的全貌。通过孩子的一个小小的习惯，就可以推测出父母平时的教育方式。因此，如果父母的教育方式不发生改变，孩子的生活习惯就好不到哪里去。

针对孩子赖床这个问题，我想阐述三个观点：

1. 孩子赖床是人性使然

为什么说孩子赖床是人性使然呢？首先想一想我们自己是不是也会有不想起床的时候。特别是周末，好不容易休息一下，我们也想睡个懒觉。即便是在平时，我们不也是心不甘情不愿地从床上爬起来，睡眼蒙眬地刷牙洗脸，然后赶着去上班吗？只不过我们大人比孩子多了一些责任、一些理性罢了，因为我们知道还有比赖床更重要的事情要做。

可孩子不会这么想。你的孩子可能才六七岁，他要是同你一样到时间就起床，那就成熟得太早了，反倒不正常了。所以，孩子早晨不想起床是一件再正常不过的事情了。家长千万不要因为这个就觉得孩子太懒惰、爱拖延。你应该认识到，想要安逸是人的本性，能够准时起床的人，说明他很自律。因此，家长要明白，教育孩子的目的不是把人的本性根除掉，那是不可能做到的。你要培养的是孩子的独立能力，他可以有不想起床的想法，也可以偶尔赖床，这些都没有关系，但他一定不能因此误了正事。

比如，孩子平时都是 6 点钟起床，今天他想多睡 10 分钟，没问题呀，只要他能够把时间安排好，保证上学不迟到就行。这就是孩子的独立能力。可如果他硬是睡到了 6:30，最后上学迟到，这就说明他在个人的时间安排上是有问题的。所以，家长一定要明白，你要教给孩子的到底是什么。

2. 有一种赖床叫“家长认为孩子起不来”

为什么这么说呢？还是以孩子 6 点钟起床为例，孩子可能心里会想：“我今天多睡 10 分钟，一会儿起床的时候，我动作稍微快一点，这样我就能够准时到学校。”这本来是没有问题的，可父母急得不行了，一看时间，都已经 6:05 了，生怕孩子迟到，然后一而再，再而三地叫孩子起床，从一开始的柔声细语，到后面义正词严，再到着急责骂，最后干脆掀被子，险些动用武力，孩子才哈欠连天地从床上爬起来。每天早晨就像打仗一样，父母累得筋疲力尽，孩子反而养成了严重依赖别人、缺乏责任心的毛病。时间久了，孩子就会觉得，反正有父母替我着急，有父母这个人力牌闹钟叫我准时起床，我还有什么好担心的呢？慢慢地，他就丧失了独立起床的能力。所以说，孩子早晨养成赖床的习惯，其实多数和父母的教养方式息息相关。

其实，细心的父母会发现，孩子并非总是睡不醒。比如说在星期天，如果全家要一起外出郊游的话，孩子就可能成为那天早晨第一个自觉起床的人。孩子上学的时候，之所以赖床，就是因为他确信父母是不会不管他的，父母是一定不会让他迟到的。既然父母这个闹钟一定会提前喊自己起床，那还有什么好担心的呢？索性就大胆地睡吧。所以我才说，有一种赖床叫作“家长认为孩子起不来”。

要想让孩子养成独立起床的习惯，父母这个人力牌闹钟应该自动退休，让孩子自己学会使用闹钟。父母可以和孩子讨论合理利用时间的意义，以及如何学会有效地掌控时间，让孩子明白他自己才是时间的主人。

下一步，就是让孩子在实践中学会合理控制时间，那么不妨就从让孩子自己起床这件事开始。父母可以把规定何时起床的主动权交给孩子自己，让他真的体会到自己控制时间的自豪感。当然，在这期间，父母可以给孩子提供一些建议，但不要强迫孩子执行。而且，在规定起床时间的时候，如果能够把闹钟定为非起床不可的那个时间点，使孩子不给自己留出赖床和拖拉的工夫，反而会促使他改掉磨蹭的坏习惯，让孩子的惰性无处培养。

另外，总有父母会担心孩子“如果真的迟到了怎么办”“这样会不会耽误事情，或给老师留下不好的印象”。当然，我们并不排除会有迟到的情况发生，但这也正是我们需要让孩子明白，要为他自己的事情负责任的好机会。我们可以事先和孩子沟通：“你既然有了自己起床的能力，明天开始我就不叫你起床了。”甚至可以用“早上有事，提前出门”的方法，让孩子在迟到的时候只能从自己身上找原因，从而养成按时起床的习惯。当然，保证充足的睡眠，让孩子晚上按时上床睡觉，也是养成早起习惯的重要因素。

3. 孩子赖床可能是需求没有得到满足或者想要逃避某些事情

孩子无缘无故赖床了，我们可能要想办法了解他在学校的情况：他是否和好朋友闹矛盾了？是不是没有被同伴和老师所接纳？是不是在学校受到了委屈？是否已经严重厌学？性格是否合群？

所有有可能让孩子产生消极情绪的因素，我们都应该考虑到。所以，我建议家长平时多留心观察，如果发现孩子近段时间明显和前一阵子不一样，最好和孩子聊一聊，或者找老师聊一聊，问一问有没有上述问题。等确认了孩子不愿意上学的原因后，就想办法解决。原因找到了，问题解决了，赖床的问题就不存在了。

还有一种情况，就是可能大人平时比较忙，与孩子交流和沟通得比较少，如果孩子年龄又比较小，有一些感情饥渴，每天只能借用早上的时间来满足自己的情感需要。如果是这样的话，建议你多抽时间陪孩子玩玩。孩子虽然已经慢慢长大，但他仍然需要父母的陪伴，更需要和父母一起玩游戏或讲故事等。每天晚上至少要和孩子互动一下，也可以带孩子和小伙伴一起玩耍。当满足了孩子的这些感情和活动需要后，不起床的问题就会慢慢得到解决。

孩子赖床，除了以上三种情况之外，也可能还有其他的问题。其实孩子很多习惯的培养都是相通的，希望家长活学活用，真正做到举一反三，这样才能兵来将挡，水来土掩。

如何让孩子不再沉迷游戏

提到孩子沉迷游戏这个话题，很多家长的苦水可以倒一桶。在我接收到的所有家长的咨询中，孩子沉迷游戏是排在第一位的，而且远远超过其他的问题。

仔细观察，大家会发现，现在的游戏群体逐渐呈现低龄化趋势，以前玩游戏的主要集中在12岁以上的孩子身上，但现在我们经常可以看到五六岁的孩子也在抱着手机玩游戏。

比如，某一款热门的手机游戏，上线才2年，注册用户就突破了2亿，也就意味着，每7个中国人中就有1个人是它的用户，比A股股民数量达到巅峰时还要多1倍，用户数量无比庞大。

如果我们站在一个更高的维度来看待此事，就会发现游戏其实只是让我们人类着迷的事物之一。而且这样的事物举不胜举，它们只是在用不同的方式绑架我们而已。比如，各种偶像剧、网络聊天、综艺节目、娱乐短视频、搓麻将等，还有让很多人无法自拔的吸烟、喝酒等。每个时代都有很多容易让人们着迷的事物，那些意志力薄弱、不能自控的人稍有不慎就会深陷其中，无法自拔。

但这真的只是游戏、电视剧、短视频等的责任吗？事实上，这些只是人们娱乐的方式而已，它们不是原罪，而每个人都是自己行为的唯一掌控者。如果你是一个全身布满鲜血、伤痕累累的人，当你行走在非洲大草原上，就算没有引来鬣狗，那浓浓的血腥味儿也有可能把狮子、豹子等其他食肉动物吸引过来。同样的道理，如果你的孩子意志力薄弱，自控力不足，就算这个时代没有手机游戏、娱乐节目，也并不代表他不会沉迷于另外的事物。当然，我们所有人都有义务为青少年的成长创造相对绿色的环境，只不过，对于大环境，如果我们一下子无法改变和扭转，那就不要抱怨和指责外界，而要反观自我，进行自省。

回到孩子沉迷游戏这件事情上来，的确有很多孩子沉迷其中，但大多数孩子是没有被游戏控制的，我们不妨来看一下这两类孩子之间的区别。在仔细分析和观察之后你会发现，那些沉迷游戏的孩子的生活环境往往有以下六种情况。

第一种情况：父母忽略孩子的情感。父母平时忙工作，对孩子疏于关注，除了照顾孩子的吃喝拉撒，给孩子钱之外，对孩子的情感世界和心理状态关注得极少。

第二种情况：父母过度宠溺。平时对孩子娇生惯养，宠得无法无天，对孩子几乎没有什么约束，孩子就是家里的小皇帝。

第三种情况：父母过度控制。父母对孩子严防死守，把孩子的业余时间排得满满的，致使孩子常年处在高压环境下，身心得不到放松。

第四种情况：留守儿童。孩子和老人生活在一起，几乎处在半放养的状态。

第五种情况：父母没有以身作则。父母自身恶习很多，自己就沉迷游戏，吸烟酗酒，家庭环境乌烟瘴气。

第六种情况：单亲家庭。孩子严重缺爱，内心孤独，有很多心理问题不能得到及时解决。

在以上环境下成长起来的孩子，如果父母不能对他们有正面的引导，他们往往会出现以下特征：

（1）内心空虚无聊，没什么目标和方向，整日无精打采、浑浑噩噩。

（2）情感压抑，内心孤独，严重缺爱。

（3）学习和生活习惯比较差，缺少自控力，没有什么规则的概念。

（4）兴趣爱好不多，业余生活比较单一，比较宅，喜欢独处。

（5）内向敏感，不擅长交际，或者相反，特别爱和一帮小伙伴无节制地疯狂玩耍。

（6）精神压力极大，长期处于高压状态，内心特别渴望自由和释放。

这样的孩子，就好比受了伤的动物，抵抗力和防御力是非常弱的，他们很容易沉迷于游戏中，因为游戏可以给他们带来短暂的快乐。所以，他们自然容易“中招”。

反观那些在良好的教育环境下成长起来的孩子，他们往往具有良好的时间规划能力，相对来说内心比较充实。他们的自我价值感较强，愿意遇见更好的自己，所以往往有着比较明确的目标和方向，并懂得全力以赴地朝着自己的目标和方向去努力。同时，他们比同龄人更懂得克制自己的欲望，能够更好地进行自我约束。

我们的精神世界就好比一条河里面的水，一旦滞留在某一处，停止了流动，河水就会变臭，要想永远充满生机，就需要向着某个目标不停地流动，去融入比它更宽广的大河，或者奔向大海。所以，当孩子的精神世界充实，有自己的追求和信仰的时候，他就没有时间去发呆和胡思乱想了，也不会任由自己沉迷游戏了。就像哈佛大学的名言所说：“当你为自己想要的东西而忙碌的时候，就没有时间为不想要的东西而担忧了。”

所以，孩子沉迷游戏，看起来是孩子的问题，实则是我们父母的问题。孩子的行为，是为人父母的一面镜子，留给我们的，是对自身教育的一种反思。如果我们不改变自己教育孩子的方式，即便我们的孩子不是生活在这个时代，我相信也会有另外的事物让孩子沉迷其中的。

看到这里，也许你会有些失望，因为从头到尾你都没有看到如何让孩子戒掉手机游戏的方法。这让我想起了一个寓言故事，一个信徒问寺庙的方丈：“方丈大师，请问什么是佛？”方丈大师回答说：“如果我知道什么是佛，就不用在这里修行了。”

作为父母，我们就好比那个方丈，很多问题或许在我们心里根本就没有答案，但是只要我们从此时此刻开始觉醒，一直行走在修行的这条道路上，我相信一定会离答案越来越近。

帮孩子度过疲劳期，让孩子掌握一技之长

一位妈妈和我聊到孩子的兴趣培养时，说自己的孩子从小到大参加过很多兴趣班，琴棋书画、人文科技、运动健身几乎都体验过，虽然口口声声抱怨孩子三分钟热度，没有哪一样能够坚持下来，但言谈间却充满自豪，言外之意就是说自己的孩子见多识广。

这样“广泛涉猎”，对孩子真的就是好事吗？

很多孩子有类似的经历，从小到大，父母对他们的要求往往有求必应，结果就是在每一件事情上短暂地停留之后，很快便失去兴趣，将焦点转移到其他让他们感兴趣的事情上。久而久之，孩子便会养成遇事三分钟热度、遇到困难就放弃的习惯。长此以往，孩子就很难沉浸在某件事情上，很难获得成就感，很难体会到努力做成一件事情的喜悦，取而代之的是对自己无力坚持的一种自责和愤怒，最终陷入这样的恶性循环中无力自拔。

我们每个人都有自己做人的目标和方向，当我们的方向选对了的时候，毅力就显得十分关键。有的人能够按照自己的目标持之以恒地

努力，结果成为成功的人；有的人三天打鱼两天晒网，做什么都没有长性，结果一生平庸甚至失败。这就是有毅力和没毅力的差别。

要想让孩子有毅力，我们必须正确地引导孩子。

家长要告诉孩子，学习本来就不是一件轻松的事情。这不仅需要孩子的努力，更需要父母的耐心培养。

任何事情，只有通过自身的不懈努力、刻苦钻研才有成功的可能。学习也是一样，谁不是一路考试拼搏过来的？谁小时候不是一大堆家庭作业，有时做得不好还要被老师批评两句？

孩子因为心智不成熟，在学习的过程中，当感受不到什么快乐的时候，就很容易选择放弃。于是父母“逼”孩子坚持下去，就变得非常有必要。

当下教育的主流思想是倡导家长“尊重”孩子的想法，提倡快乐教育，放任孩子的天性，让孩子自由发展。这本身是没有问题的，只是很多家长在听完快乐教育的理念后，因为没有完全理解快乐教育的思想精髓，难以在“逼”孩子和“尊重”孩子之间进行平衡，最终，反而受到误导，在过分“尊重”孩子的教育模式下走向“放任”。

真正的快乐教育并非“放任教育”，殊不知，这样的教育方式会给孩子的未来带来多少麻烦，更有的父母把快乐教育当成他们教育失职的借口。这些父母只是嘴上让孩子好好学习，自己却沉浸在各种娱乐形式中，更有甚者将孩子扔给老人，对孩子的教育很少过问。与逼迫孩子相比，这种放任的确显得不那么残酷，但是在竞争如此激烈的社会里，放任孩子无疑是将孩子置于失败的一端。

就拿孩子学习来说，当孩子想参加兴趣班的时候，父母二话不说就给孩子报了名。然而孩子学了一段时间后开始不耐烦，家长又以“尊重”孩子的决定为理由同意了，还要安慰自己“孩子嘛，只要快乐就行”。这就是一种放任。

孩子的兴趣往往来自对新鲜事物的好奇，但当好奇心减弱，兴趣淡化的时候，孩子就会进入我们常说的疲劳期，将学习看作是一种折磨。

然而，学习任何一项技能的过程中都一定会有疲劳期，只要家长正确引导，帮助孩子坚持下去，度过疲劳期，兴趣就会变成特长，孩子就能感受到那种“沉浸在某件事情中”的喜悦和成就感。这种喜悦和成就感，一定会推动孩子不断地学习，最终进入良性循环。

当孩子进入疲劳期，想要放弃的时候，就需要家长用合适的方法去“逼”孩子。这里的“逼”，是指正确地引导。如果放任孩子想不学就不学，孩子对任何事物都只会浅尝辄止，体会不到深层次学习的乐趣。

我的一个朋友跟我分享了她家孩子学溜冰的经历。她儿子 4 岁的时候，看到姐姐玩溜冰，自己也想学。于是朋友就给儿子报了班，买了溜冰鞋和防护工具。小家伙一开始很喜欢，可是，没过几天就不想去了。一天晚上，儿子跟他妈妈说：“妈妈，我可不可以不去上课呢？”

朋友问为什么。“学溜冰太累，而且容易摔跤。”儿子说着，指了指自己的腿，上面的确有两个淤青。

朋友看了也心疼，不过最终还是坚定地对儿子说：“明天必须去！既然报了名就要坚持到最后，妈妈陪着你好不好？”

小家伙嘟着嘴开始跟他的妈妈“对峙”，小声嘟囔着说：“做大人真好，想做什么就做什么，我们小孩子还要听你们的。”

朋友没有作声，低头看着儿子，意思很明确——没的商量，现在你就得听我的！

很多家长曾经想得很好，要做孩子的朋友，要让他快乐，绝不逼他做任何他不想做的事。但是后来才渐渐明白，父母在成为孩子的朋友之前，首先是父母，尤其是在孩子的价值观、人生观没有建立之前，父母必须为孩子做出正确的决定，“逼”他做不愿意做的事情，尤其是学习。

坚持之后必有收获，如今，我朋友的儿子已经能够参加溜冰比赛了。他已经通过坚持体会到了深层次学习的乐趣，爱上了溜冰这项运动。

我们都希望孩子健康快乐地成长，但孩子还小，他没有足够的能力和见识做出正确的决定，家长必须替孩子做出选择。父母也一定要让孩子知道，任何成就的取得都会伴随着曲折，充满着艰辛，要想有好的学习成绩，就必须努力，辛苦付出。你要告诉孩子，如果在人生的早期不好好学习，那么长大之后必然会后悔。孩子被“逼”学习的过程可能是残酷的，但在残酷的背后却承载着父母培养孩子走向成功的决心。

因此，当孩子想要放弃学习的时候，应当跟孩子说一声：宝贝，你再坚持一下！

用“家庭契约”轻松帮孩子养成好习惯

孩子自制力差，有很多不良的生活习惯，这是让很多父母特别头痛的问题。因此，多数父母特别爱和孩子讲道理，但大多数孩子对父母的大道理并不感兴趣，他们通常是左耳入右耳出，或者干脆充耳不闻，继续我行我素。于是，父母只好一遍又一遍地提醒孩子，变成了孩子眼中唠唠叨叨的父母。

“先去洗手再吃饭。”

“衣服不要乱扔，要收拾好。”

“你的另一只鞋子又扔到哪儿去了？说过多少遍了，要把鞋子放在鞋柜里。”

“我说过 100 遍了，请收好你的玩具！”

说过 100 遍了，孩子还是没有改变，这多么令人沮丧啊。

对于如何帮孩子养成好习惯，有种方法叫“家庭契约”。所谓“家庭契约”，就是以书面的形式与孩子约定，把一些需要约束的行为具体化、规范化，变成可操作的行为规范。

有位妈妈曾经也被孩子的各种不良习惯所困扰，在制定了“家庭契约”之后，3 个月内就培养了孩子多个好习惯。她很欣喜地跟我说，这个方法是可操作的。

不过有一点大家一定要注意，那就是契约不是只针对孩子的，如果只针对孩子，就很容易让孩子反感。之所以称为“家庭契约”，就是因为它是面向整个家庭的，契约一旦制定，父母一定要和孩子一起遵守。我们需要根据个人职责把每个家庭成员的行为都规范化。

在制定个人行为规范的时候，一定不要贪多，多了就很容易让人压抑、抵触，也很容易执行不下去，所以最好只有几条。

我们来看看这个妈妈是怎么制定家庭守则的，大家可以作为一个参考。

第一步，准备纸和笔。纸和笔用来记录会议中的各项要点内容。

第二步，组织家庭成员开会。由大家共同提议，民主决定大家需要规范和希望对方改善的内容。比如，儿子不爱收拾东西，总是把自己的物品乱放，所以，她把儿子日常需要整理的东西加入守则中。而儿子觉得妈妈有时会大声冲他喊，让他觉得难受，所以，把“妈妈需要改善脾气”这一项列入守则中。

规范的内容确定下来后，由儿子整理成册子。由于儿子全程参与提议和决策，所以他的积极性很高，还在册子上加上了他的手绘，策划得很漂亮。

由他们共同商定的家庭守则，其中几项内容是这样的：

（1）关于衣服的清洗与整理。

每个人洗澡后要把自己的衣服放进洗衣机。由爸爸负责清洗，因为爸爸是家里最后一个洗澡睡觉的。妈妈负责晾晒衣服，儿子负责收衣服。衣服收回来后，每个人负责把自己的衣服折叠好放入衣柜。

若自己没有把衣服放进洗衣机，其他人不会帮他放进去，由自己承担没有衣服穿或穿脏衣服的后果。若把衣服乱扔乱放，则每次罚款5元。

（2）关于孩子的学习习惯。

儿子每天需自觉完成老师布置的作业，完成作业后要把书本、作业本、文具等收拾好并分类整齐地放进书包。

若需要催促才去做作业，则罚拖地一次；若自己没有收拾好书包，忘带作业本和书本，爸爸妈妈不会帮他送过去，需要自己承担后果。

（3）关于家庭成员的运动。

爸爸、妈妈和儿子要共同养成每天运动的习惯，暂定运动内容为跳绳，时间为每天晚饭后。儿子每天跳绳300下，妈妈每天跳绳300下，爸爸每天跳绳500下。

若个人没有完成当天的跳绳数，则要罚做俯卧撑。儿子每次10个，妈妈每次15个，爸爸30个。

第三步，家庭守则的执行。

家庭守则制定好后，爸爸和妈妈推选儿子为家庭守则的执行官，负责监督守则的执行和罚款的收管。有了“官职”的儿子自律性和执行力都提高了很多，他认真负责地把每个人的违规情况都记录了下来。

比如，12月16日，爸爸的外衣乱放，罚款5元；12月22日，儿子做完作业没收拾，罚扫地一次；12月25日，妈妈冲儿子大喊，罚擦洗门窗一次。

到了月底，以会议的方式进行总结，违规较多的成员必须做出检讨，并对其提出整改建议。对月度表现最佳的成员给予罚款金额10%的奖励（其余的90%由大家决定用途，一般是用作全家出去玩的经费）。儿子总是最认真执行守则的人，所以一连几个月都拿到了月度奖励。

坚持了 3 个月后，“契约约束”的成效明显呈现了出来，原先靠家庭守则制约大家的行为，现在这些规范的内容已渐渐变成了大家的行为习惯。

这位妈妈说：“我惊喜地看到了孩子的改变，现在孩子会自觉地去收衣服，并折叠好放进衣柜；吃完东西也会很自然地把垃圾放进垃圾桶；做完作业后顺手就整理好书包；吃完晚饭后也会提醒我们和他一起跳绳。好多好习惯已在不知不觉中形成了。”

总结：家庭守则应该是可操作、可评估的；父母做好孩子的榜样是家庭守则顺利执行的关键点；家庭守则的内容可根据孩子的行为习惯适当地调整；家庭守则应该是有奖有惩的；家庭守则最少应坚持 3 个月或半年，这样孩子的各项行为才能由最初的“契约约束”变成好习惯。

如何培养孩子正确的金钱观

今年6月份，我和几个朋友去KTV唱歌，去前台结账的时候，刚好遇到一群小伙子也在买单，当我听服务员说到他们的消费金额时，着实被惊了一下，以至于到现在我对那个金额还记得清清楚楚：3596元。

这让我对这一群小伙子产生了兴趣，扫视了一圈之后，发现他们的年龄十七八岁，不少人还穿着校服，一脸的青涩，但花起钱来却毫不犹豫。

还有一次，我受一个学生家长的邀请，去参加孩子的11岁生日派对。派对设在一个豪华的酒店里，现场足足摆了六桌，光孩子的同学朋友就有四大桌。饭后，孩子的家长说安排大家一起去唱歌，顺便吃生日蛋糕。我一看这阵势，就找了个理由提前离开了。

因为这几次特殊的经历，我意识到了培养孩子正确的金钱观是多么重要。在我看来，这也是咱们父母在教育孩子方面非常欠缺的一环。

为什么金钱观对于孩子来说如此重要呢？因为人的一生都离不开

“名”和“利”这两个字，我们的一生都在和钱打交道。表面上看来，钱只是我们的工具，可实际上不知道有多少人成了金钱的奴隶。

我经常听到家长们闲聊：“我的孩子买衣服不买对的，只买贵的，知道的牌子比我还多。”“我那孩子连个文具盒都非要买名牌的。”从这些闲聊中，我们能够听出家长的一些炫耀和无奈。一方面是因为家里基本上就一个孩子，谁都希望给孩子提供最好的条件，“我不宠他宠谁呢”；另一方面，孩子的“高消费”和“乱消费”也确实让家长头痛。这也间接地说明了很多家长根本就不知道该如何培养孩子正确的金钱观。

中国经历了改革开放，在社会主义市场经济的体制下，一部分人迅速积累了大量财富，变成了名副其实的有钱人，普通老百姓的生活水平也提升了一大截。别看日子比以前好多了，可实际上大部分人对于金钱是没有正确认知的，所以，在这个问题上，我认为一定要“亲子同修”。在我看来，要想培养孩子正确的金钱观，家长首先要对金钱有正确的认识。

我们通常把一个人创造和管理财富的能力称为“财商”。财商包括两方面的能力：一是正确认识财富及财富倍增规律的能力；二是驾驭财富，即正确应用财富及财富倍增规律的能力。财商、智商、情商是现代人不可或缺的三大能力。

那么，如何树立正确的金钱观呢？

首先，在我看来，钱财分为“正财”和“横财”。何为正财？就是说是通过正当途径，以合法手段，靠自己的劳动和智慧获得的钱财。而横财，则是指非法或者侥幸获得的钱财。正财往往是被我们吸引来的，我们是它名正言顺的主人。这就好比恋人是因为真心喜欢、相互爱慕而结合的，彼此间是有忠诚之心的，是可以相互成全的。所以，正财往往是我们可以驾驭的，它是来帮助我们的。而横财则往往是巧取豪夺而来的，它就好比是你抢来的一个“压寨夫人”，随时都可能离你而去，甚至在离开的时候还会捞一笔，让你轻则损失惨重，重则家破人亡。比如说，通过盗窃、赌博、抢劫、欺诈、贪污受贿得来的财富，往往属于横财。持有横财的人一定要小心，因为它随时都有可能给你带来灾难。

所以，我们一定要亲正财而远横财。同时，要有义务让孩子明白什么是正财、什么是横财。

其次，钱只是一样工具，它不是万能的，所以我们有必要让自己和孩子明白这个道理：有了钱，就不会让我们居无定所、流离颠沛，但钱买不到真正意义上的家；有了钱，就可以让我们不用花时间去谋生，我们可以安心去做自己真正想做的事情，但钱买不到时间；有了钱，就算没有知识我们也可以活下去，但钱买不到知识；有了钱，我们有能力为自己创造更健康的生存环境，但钱买不到健康；有了钱，我们可以从容自信地面对别人，但钱买不到尊重；有了钱，我们可以让自己和家人衣食无忧，但钱买不到幸福；有了钱，我们可以给心爱的人创造更好的物质条件，但钱买不到真爱。以上这一切的前提是，钱是正财，是靠我们自己的努力以正当途径挣来的。

最后，钱是有使用说明书的，它就好比是家里面的煤气，会用的可以用来做饭，不会用的就可能煤气中毒，伤及性命。同时，这本使用说明书需要经过翻译才能够读懂，使用者的德行越高，他的翻译能力就越强，就越能正确地使用金钱，最终带给自己更多的好处。相反，德行越低，最终的危害就越大。

所以，一个人怎样使用钱（其中包括赚钱、存钱和花钱）或许是检测他的德行和才智最好的方法之一。德行好和才智非凡的人，会把金钱当成一种工具。他们明白钱生不带来，死不带去。

我曾经看到过一些特别感人的案例。比如，大学生黄明月捡废品给患重病的弟弟治病的事迹传开之后，一个七八十岁的老人几经辗转，将 2000 元交到黄明月的手上。当记者想给老人拍个照片的时候，老人却故意用举起的布袋挡住了自己的脸。他说："我只是尽绵薄之力，没啥值得报道的。"还有，江西都昌的九旬老人高双凤被称为"民间慈善家"，她从 1998 年开始参与慈善事业，近 20 年来向民政、慈善组织捐款达上百万元。老人家独自拉扯大四个儿子，她在苦难中也接受过救济。她回忆，1954 年发大水淹了家里的粮田，政府给了她 4 块钱救济款。老人感慨："4 块钱，当时能买 40 斤大米。"从此，老人一直教育孩子要争气，以后挣了钱要帮助贫困人家，她自己一直以来也身体力行。

一个人是否拥有正确的价值观，和他拥有多少钱无关，而在于他如何看待金钱和使用金钱。

这些年来，在和孩子们相处的过程当中，我有一个最直观的感受，当下的孩子在金钱观上有三大明显特征：高敏感、高虚荣和高攀比。

有不少孩子虚荣心特别强，喜欢在人前炫耀，以此赢得尊重和崇拜。他们特别在意自己的家庭条件，以为家境好就有面子，就能得到其他人的羡慕和拥护，所以常常在人前炫富。比如说，有些家境稍微好一点的孩子，常常大手笔地花钱请朋友吃饭玩耍，给朋友买礼物，以此满足自己的虚荣心。有的孩子小小年纪就学会了用钱解决问题，比如花钱请同学做作业，花钱让同学帮着跑腿办事等。在这样一种不良风气的影响下，会让一些家境并不富裕的孩子变得很自卑，形成高敏感的心理特征。

另外，当下攀比之风盛行，很多孩子喜欢争强好胜。比如，看到同学都穿名牌鞋子，自己就想买一双名头更响亮、价格更贵的鞋子。比完了鞋子比衣服，接着比背包、比发型、比身材、比脸蛋。比来比去，比的都是父母的财力。孩子以上种种错误的金钱观，是和父母的教育息息相关的。

那么，我们该如何有意识地去培养孩子的金钱观呢？

1. 家长示范

谈及家庭教育，永远离不开父母以身作则这个话题，在金钱观的培养上自然也不例外。孩子的消费观念和消费行为最初主要来源于家长。很多家长本身就铺张浪费，喜欢炫耀，爱慕虚荣，有点儿钱就鼻孔朝天。父母的这些不良习惯就好比是“烟囱里招小手”，净把孩子往“黑道”上引。所以，父母在使用金钱上一定要树立正面的行为榜样。

2. 让孩子体验钱是怎么来的

从孩子知道用钱去买东西的时候，就要对他们进行正确的金钱观教育。其中最重要的就是让孩子明白金钱的含义，让孩子明白要通过自己的努力来获得金钱。比如，我的一位学生家长做得就特别好。他在跟孩子讲解了金钱的意义之后，跟孩子商量好，每当为家庭做一次家务，就会获得一定的报酬，用一个小本子作为孩子的存折，一周结算一次，将钱记在存折上，需要用到零花钱的时候就可以在自己的存折上支取了。这个办法既能培养孩子的劳动习惯，又能培养孩子从小不乱花钱的品行，因为孩子知道挣钱不容易。

类似方法在西方国家是比较常见的，好的方法，就值得我们去借鉴。但是有一点需要强调，父母在和孩子达成协议之前，一定要告诉孩子：作为家庭的一分子，家人间互相帮忙是爱的表现，不能用钱来衡量。每个人都有义务无条件地为家庭付出，就好比老爸老妈这么多年为家庭的付出都是无条件的，没有要求一分钱的报酬。我们之所以愿意给你相应的报酬，是因为你现在还没有工作挣钱，平时又有一些地方需要用到零花钱。

除了让孩子在家里面做一些家务来体验钱是怎么来的之外，家长还可以想一些别的方式。比如，如果孩子有什么特长，可以为孩子创造一些利用自身特长去帮助别人的机会，以此获得相应的报酬。还可以在节假日安排孩子做一些社会实践。我的一个学生就曾经在假期的时候帮助别人整理快递单据，还有一个学生靠做打字员赚钱。总而言之，只要家长有心让孩子体验金钱是怎么来的，方法可以有很多。

3. 让孩子学会管理钱

很多家长溺爱孩子，会给孩子很多零花钱，还美其名曰不能让孩子在同学面前丢了面子。这样做最常见的后果就是孩子学会了乱花钱，到最后发展为奢侈浪费。面对孩子的乱消费、高消费，很多家长最终也只能妥协和顺从。当孩子养成了无穷无尽地索取、任何愿望都希望立即得到满足的习惯，长大以后也难以成大事，难以从工作和生活中得到快乐，产生幸福感。所以，家长完全可以从日常生活点滴做起，教育孩子合理消费。其中之一就是让孩子学会管理金钱。

我建议父母从孩子三四岁就开始让他自己管理零花钱。让孩子自己管理零花钱有什么好处呢？首先，可以教会孩子合理分配资源。比如说，我有一个学生的爸爸在跟大家分享他的经验时说：“以前，我儿子在让我给他买冰激凌的时候，每次都要买最贵的那种。后来我让他自己管钱了，在买冰激凌之前，他总要先计算一下怎样买最划算，思考之后，他会买便宜点的。”后来，在出国旅行时，他们也会给孩子一点钱自己买东西，他们发现孩子很快就弄明白了不同地方的物价差异，甚至弄清了汇率。

其次，让孩子自己管理一些零花钱，也可以培养孩子的能动性，让孩子从小学会利用资源，懂得克制和取舍。比如，当我们不想给孩子买冰激凌或者某些玩具的时候，孩子可以用自己的零用钱买。比如，他知道父母不太喜欢自己吃冰激凌，可是如果他克制自己买冰激凌的欲望，经过一段时间，他可以用积攒的零花钱购买自己想要的东西。当然，孩子也有克制不住而买了冰激凌的时候，他可能转眼就会后悔，但这是他的决定，他要自己负责。作为父母，我们只要在大的方面有所规定就可以了，比如不能吃饭前吃冰激凌，如果玩具有危险性，妈妈可以有否决权，但孩子毕竟有了一个实现自己愿望的途径。

总而言之，当孩子自己管理钱的时候，他就要自己学习处理与钱的关系，学会面对很多跟钱相关的问题，在这个过程中有诱惑、有矛盾、有经验、有教训、有取舍，这些都再正常不过了。而这些问题的出现，正是帮助孩子了解金钱、了解自己的好时机，慢慢地，他就可以总结出一套属于自己的金钱观。

当然，让孩子管理金钱还有很多方式。比如，我的另一个学生的家长在孩子三年级的时候，就以父母的名义给孩子开设了一个银行账户，把当年的压岁钱存到里面，由孩子自己管理。还有一个家长在孩子很小的时候就教孩子一些理财的知识，慢慢地，孩子就学会了存钱，积攒财富。这在培养孩子财商的同时，还增长了孩子的见识。总而言之，我相信一定还有很多好的方式值得家长和孩子一起去发现。只要你肯给孩子机会，孩子的很多表现一定会超乎你的想象。

4. 让孩子了解金钱的局限性

让孩子了解钱能做什么，仅仅是金钱观教育的一部分，还有更重要的部分，就是孩子应该了解金钱的局限性。孩子在接触金钱之初，有时候会非常天真地给所有东西“标价”，这时我们正好可以告诉孩子，有些东西是无法用金钱衡量的。比如，你是爸爸妈妈的宝贝，是多少钱也不会换的。外婆留给妈妈的小盒子，别人可能觉得很不值钱，但对妈妈来说，是多少钱都不会换的，因为每次看到它，妈妈就会想起小时候和外婆一起度过的日子。再比如友情、爱情、健康、快乐等，这些都是没有办法直接用金钱衡量的。

除此之外，我们还可以告诉孩子，有的时候，我们会为了一些更珍贵的东西而放弃金钱。比如，爸爸周末如果去工作，可能会挣更多的钱，可是爸爸爱我们，想和我们一起度假，我们的假期因为爸爸的参与而更加快乐，这时候我们一家人在一起的快乐时光就比金钱更重要。

当家长能够从以上维度去培养孩子的金钱观时，孩子对金钱的认知就会更多元化。

孩子丢三落四不是习惯问题，而是能力问题

我希望大家一定要意识到，粗心大意、丢三落四绝对不是简单的习惯问题，确切来讲，应该把它定义为“能力问题”。

你不妨仔细观察一下身边那些丢三落四的孩子或者成人，他们很难让自己不犯这样的错误。你以为他们自己想犯吗？没有一个孩子不希望自己在考试的时候多考一点分数；没有一个成人不希望自己在工作上做得尽善尽美。所以，不是他们不想做好，而是他们真的做不好。

为什么我把丢三落四、粗心大意定义为能力问题？因为丢三落四的孩子通常有以下共同的特点：

（1）做事缺乏条理性，不懂得安排和规划。

（2）整理能力差。

这两点才是他们丢三落四的根本原因。如果我们不能从根本上去培养孩子的以上两种能力，那么当他们丢三落四的时候，你就只能自我安慰说：“我的孩子其实是有这个能力的，他之所以没有做好，是因为太粗心大意了。”这样讲有意思吗？这和掩耳盗铃、自欺欺人没有什

么两样。这样舍本逐末根本没有办法让孩子正视自身的问题，更别说改变了。

要想让孩子改掉丢三落四的毛病，必须做到以下几点：

1. 家长首先要学会“偷懒”

像收拾书包、检查作业之类的事情，通通让孩子自己做，给他锻炼的机会。同时，一定不能够替他“擦屁股”，一定要让他学会为自己的做不到承担后果。如果你替他承担了，他永远都做不好。

2. 给孩子示范正确的做法，或者事先讲明要点

只是让孩子学会自己的事情自己做，并且为自己的事情承担后果还不够。在最开始的时候，你还要教他正确的做法。就以整理书包为例吧，你要告诉他先做什么、后做什么，给他完整地示范一遍。示范完了之后，紧接着让他做一遍给你看，在这个过程中，发现问题马上纠正，直到他能够完整地做完一遍为止。接下来，按照这种正确的做法反复训练，直到让他形成条件反射。

你要相信，我们成人出门前会下意识地检查有没有带钥匙，买东西首先想到要带钱，这些都是通过每天无数次的重复练习而形成的条件反射。孩子也是一样的，当形成条件反射之后，在做事之前，他的大脑里面就会产生一张任务清单，自然就不会那么容易丢三落四。

3. 训练孩子分步骤做事的能力

很多人为什么没有能力同时应对几件事情，或者说处理一些复杂的任务，原因就在于没有养成分步骤做事的习惯，做事总是缺乏条理性，不懂得安排和规划。

还是以整理书包为例吧。我们可以先让孩子写一张需要每天随身携带的常规物品清单，然后贴到书桌旁边的墙上。后面每次整理书包的时候，都可以分成以下几步：

（1）查看一下常规物品清单。

（2）把物品清单里面的所有物品全部放入书包。

（3）确认一下是否有遗漏。

（4）想一下是否有常规物品之外的特殊物品需要携带，如果有，也放入书包。

（5）每天在出门之前，回忆一下是否还有其他物品需要携带。

如果家长能够训练孩子从小按照以上方法分步骤做事，那么他的条理性一定会很强，自然也很难出现丢三落四、马虎大意的情况，而且这些良好的习惯会让他受益终身。

在这里，我更多的是给大家提供一些方向，并没有把方法讲得特别细。希望大家重视这个问题，再也不要把丢三落四当成一件小事，因为它反映的一定是孩子的能力问题。

性格养成：

如何培养自信、独立、内心强大的孩子

保护孩子的面子

有很多家长带着孩子来找我做咨询的时候，常常是人刚坐下，还没有等我开口，他们就开始像竹筒倒豆子一样，历数孩子各种各样的缺点。有时，我会用各种方式给他们暗示，示意他们不要再说了，但他们根本不管那么多，继续没完没了地说个不停，仿佛只有把孩子所有的缺点都讲完了，心里面才觉得痛快。自始至终，我很少听他们提起孩子的优点，我瞄向孩子的时候，发现他们极其尴尬，坐立不安，恨不得掘地三尺找个洞钻进去。

我再来讲几个常见的场景：

孩子在努力地做一件事情，你因为“等不及了”而擅自替孩子代办。

孩子撒谎，被你察觉，你当场将谎言揭穿，甚至当着众人的面。

孩子在和别的小朋友玩，你赞美别的孩子，对自己孩子的努力却看不到。

你可知道，你这样做，严重伤害了孩子的自尊心和自信心。时间久了，孩子会和你保持距离，甚至不愿意和你一起外出，因为他害怕那样的场景一次又一次地出现。这就是为什么很多父母到最后也不清楚为什么孩子慢慢地和自己疏远了。

当父母在人前夸奖别的孩子的时候，尚缺乏健全的认知能力和判断能力的孩子会认为父母更爱别的小朋友，而不爱自己。父母原本是想借助表扬别人的机会教育自己的孩子，却不知这样会让孩子幼小的心灵产生挫败感和羞辱感，会给孩子留下心理阴影，长此以往，甚至可能导致孩子出现各种问题：自卑和偏执；缺乏良好的心理感受和积极进取精神；固执己见，用消极和敌对的眼光看周围的人和事；缺乏安全感；走向孤僻，和妈妈疏远，对父母产生不信任感；严重的还会引发孩子的攻击性行为。

所以，父母在保护孩子自尊心方面一定要注意以下三点：

1. 不当着孩子面进行横向比较

很多父母经常有“恨铁不成钢”的想法，看到别人家的孩子，不自觉会进行横向比较：怎么自己的孩子就练不好钢琴呢？怎么人家孩子画画就那么好呢？如果当着孩子的面，称赞别人的孩子而贬低自己的孩子，更会对孩子的自尊心造成直接的伤害，也许孩子会觉得“我什么都不如别人”。

所以，父母应该反思自己的行为，不要在孩子当中进行横向比较。每个孩子都有自己的闪光点，父母要赏识孩子，尊重、理解孩子，保护孩子的面子。

2. 不在外人面前教育孩子

我国著名学者胡适的母亲对胡适的教育就很严格，但她从来不在别人面前惩罚孩子，而是找恰当的时机教育他，充分体现了母亲对孩子的尊重与爱护。

英国教育家洛克说过："父母愈不宣扬子女的过错，则子女对自己的名誉就愈看重，他们觉得自己是有名誉的人，因而更会小心地去维持别人对自己的好评；若是你当众宣布他们的过失，使其无地自容，他们便会失望，而制裁他们的工具也就没有了，他们愈是觉得自己的名誉已经受了打击，则他们设法维持别人的好评的心思也就愈加淡薄了。"

教育孩子的最终目的是让孩子认识错误并改正错误，而不是让孩子无地自容。因此，在外人面前，只要不是非立即制止不可的错误，最好还是忍一忍，给孩子留足面子。但是要记住，不是过后就不了了之，还要"堂下教子"。蹲下身子跟孩子讲话，在没有外人在场时跟孩子沟通，也许会收到事半功倍的效果。

3. 经常赞美自己的孩子

卡耐基很小的时候母亲就去世了。在他 9 岁的时候，父亲又娶了另一个女人。继母刚进家门的那天，父亲指着卡耐基向她介绍说："以后你可千万要提防他，他可是全镇公认的最坏的孩子，说不定哪天你就会被这个倒霉蛋害得头疼不已。"

但继母的举动却出乎所有人的意料，她微笑着走到卡耐基面前，摸了摸卡耐基的头，然后笑着责怪丈夫："你怎么能这么说呢？你看哪，他怎么会是全镇最坏的男孩呢？他应该是全镇最聪明最快乐的孩子才对。"

继母的话深深地打动了卡耐基，从来没有人对他说过这种话啊，即使母亲在世时也没有。就凭着继母这一句话，他和继母开始建立起了友谊。

如果爸爸妈妈也想让自己的孩子成为一个快乐聪明的孩子，那就多多赞美他吧。如果孩子平时吃饭很挑食，今天却表现很好，赶快夸奖孩子：“今天宝宝真棒，把青菜都吃光了。”如果孩子平时不爱和人打招呼，今天却很主动，妈妈也不要吝啬赞美之言：“儿子真有礼貌，大家都很喜欢你。”孩子在赞美中会感觉很有“面子”，自尊心将得到很大满足。

不要视孩子的自尊心、自信心为儿戏，因为要想让一个人重建自信，不知比破坏一个人的自信心要难上多少倍。

孩子的自卑感是怎样形成的

有人说：“狂妄的人有救，自卑的人没救。”人生的路上，大多数时候自卑比狂妄更可怕。狂妄指极端自高自大，十分嚣张，目中无人。狂妄的人大都不怎么招别人喜欢，成长过程中会遇到各种各样的挫折、坎坷，他们只有两种选择：第一，不再狂妄，回归平常；第二，继续狂妄，但是努力让自己有狂妄的资本，在某一方面做出卓越的成就，活得漂亮。显然，无论是哪种选择，狂妄的人内心都是充满自信的。

而自卑的人，显然不会被世人所诟骂，最多也就是被同情和嘲笑。但同时会陷入一种叫作“全世界都不喜欢我，抛弃我”的沼泽之中，很容易越陷越深，一辈子活在自己的缺点里，自己折磨自己。

说起孩子的自卑，大家一定要有一个区分，自卑感不是内向人的专利，而是存在于每一个人身上的。这就好比在每一个人身上都能够找到某种癌细胞，但是，癌细胞并不等于癌症。从癌细胞到癌症，还有一段距离，只要癌细胞的数量没有触及那条红线，就不会引发癌症。

虽然说自卑感在每一个人身上都会存在，但家长也不可以掉以轻心。就好比癌细胞，如果不注重身体健康，它就可能触及红线，最终变成癌症。

所以，家长的教育方式决定了孩子身上自卑感的轻重。在我看来，孩子身上的自卑感往往是由家长身上的四种有害的心态造成的，我把它简称为“四害”。这“四害”分别是指批判心、完美心、攀比心和保姆心。

我们逐一来分析一下：

1. 批判心

很多家长把批评孩子作为教育孩子的常规方式。这种家长通常以“严父”“严母”的形象出现，孩子往往很少听到父母的表扬。父母的出发点往往是好的，却在无形中挫伤了孩子的自信。尤其是处于幼儿期的孩子，由于心智发育不成熟，还没有自我评价意识和自我认知能力，对自己的认识和判断往往来源于成人的判断。我们经常听到父母这样讲：“你看你，连碗都端不好！”“真是笨死了！这么简单的画都画不好！”“你真是没救了，脑子是用来做什么的？”

这些语言是一种负面的暗示，说多了，孩子就会给自己贴上“我不行，我没有能力”的标签。每当尝试做什么事情的时候，最先想到的是“我可能不行，还是不去做了吧”。这会让孩子形成胆小畏缩、懦弱谨慎、优柔寡断的性格。当自卑感像树根一样植入孩子的心灵，并影响孩子的行为时，孩子就已经被自卑打倒了，自信在他身上荡然无存。

2. 完美心

家长过高的期望会导致孩子过度地追求完美。这种情况在高水平、高学历的家庭中比较常见。家长由于自己的事业有成或本身性格要强等原因，对孩子的期望也比一般家庭高。因为家庭的高起点，所以希望孩子也有高起点、高成就。这样的家庭，即使父母很少批评孩子，也会从言谈举止中向孩子传递高期望的信息。

然而，孩子并不是父母的翻版，他有自己的智力特点、个性特征、兴趣爱好等。这样的家庭，或许平时比较民主，但由于鼓励中本来就带有强烈的期望倾向，在不断鼓励中，孩子的压力相当大，潜移默化的影响让孩子学会了在无意中追求完美，苛求自己，给自己定高标准。一旦达不到父母或自己的要求，就会把失败归咎于自己，认为自己不够努力，能力不行，产生了处处不如人的自卑感。还有部分家庭，如果孩子不能达到父母的期望，不是打骂就是逼迫，这样的高压政策最容易让孩子产生自卑心理。当父母的期望超出了孩子的实际水平，孩子无论怎么努力也达不到父母预定的目标，在一次次的失败和挫折影响下，孩子还能有自信心吗?

3. 攀比心

很多家长喜欢拿自己的孩子与他人进行横向比较。经常会听到家长这样说：“看你平时挺努力的，但每次考试都没有某某同学考得好。”“你看人家某某回到家还知道帮着父母干点事，你呢，成天就知道玩儿，眼里没有一点活儿。”“你看看你堂弟，人家多努力，哪像你，天天玩游戏，作业也不好好做，什么时候能跟人家学学！”更有的家长喜欢在人前比较，却不知道这种“人前教子”对孩子的伤害更大。

有一项调查，问孩子“最烦父母做什么事”，排在前三名的是叨唠、批评、拿自己与别人比较。家长的思维是，比较了才能给孩子树立榜样，刺激孩子上进，开动他学习的马达。实际上，拿孩子与他人比，只能让孩子产生自卑和抵触情绪。因为每个孩子都有一颗积极向上的心，孩子不是不想努力，而是由于各种原因达不到你所期望的目标。拿别人的优势与孩子的弱点对比，除了让孩子自惭形秽，抬不起头外，也极大地刺伤了他的自尊心。当这样的比较多了，孩子听麻木了，自尊也就没了，自然不会求上进了。

还有一种情况，家长喜欢拿孩子的过去与现在比，尤其是当孩子现在的表现不如过去时。比如，他们经常会说："你看，以前门门考 90 分以上，现在都跌成什么样儿了？"家长往往只看结果，不去分析原因。为什么现在不如以前好？也许孩子最近有什么烦心事，也许现在的课程难度增加了，也许到了新环境不太适应，也许孩子换了新老师，等等。比如，孩子刚进入初中后，就会面临一个学业上、情绪上的过渡问题。所以，家长要多找原因多分析，多关注孩子，解开孩子身上的"死结"，而不是一味地比较、批评。

4. 保姆心

许多家长喜欢帮孩子包办一切。孩子小的时候都有喜欢尝试、敢于探索、好奇求知的特点，如果那个时候父母不能放手让孩子多尝试、多活动，让孩子多干他力所能及的事，而是事事为孩子做好，事事包办，剥夺孩子的锻炼机会，那么最终会让孩子因为动手能力差、独立生活能力差而与同龄人拉开距离，并产生自卑感。因为孩子毕竟要融入社会，适应集体生活。

比如，在幼儿园，当别的孩子都会系鞋带了，而他却要等着老师来帮忙，看着小伙伴嘲笑他，他的心里会好受吗？所以，家长的过度保护和事必躬亲，让孩子对大人产生依赖心理，这样的孩子从小缺乏自信，觉得大人是强大的、能干的，自己是渺小的、无能的。一旦发现自己与别人有了不同，别人会的自己不会，就很容易会产生自卑心理，怪自己笨手笨脚。因为不会，所以继续依赖大人的帮助，变成生活的低能儿。自卑就这样在不知不觉中像病毒一样渐渐占领了孩子的内心世界，挤占了原本自信的空间。

孩子有颗“玻璃心”怎么办

这几年，我经常看到一些中学生轻生的新闻，有的是因为考试失利，有的是因为学业压力过大，有的是因为遭遇了其他一些挫折。这样的案例，总是令人惋惜，也令人胆寒。

为什么孩子频频以极端的方式践踏生命？

我们当然不能去谴责现在的孩子心灵太脆弱了。从根源上讲，这不是孩子出了问题，而是家庭教育和学校教育的问题。

从家庭教育这个维度来说，为什么孩子会如此“玻璃心”呢？其实每个孩子原本都可以拥有强大的内心，是家长把孩子的心灵培养得如此不堪一击，一遇到挫折、坎坷，就会碎成一地。在做过大量的家庭教育咨询之后，我能够深深地体会到个人力量的弱小，唯有所有的父母真正地觉醒，才能够培养出孩子的“钻石心”，减少类似的悲剧发生。

如何培养孩子的“钻石心”？我总结了三个关键点。第一个关键点是承认差异；第二个关键点是允许失败；第三个关键点是无限热爱。

承认差异

什么是“承认差异”？就是要告诉自己，我的孩子没必要活成别人的样子，不要羡慕“别人家的孩子”。这个世界上本没有完全相同的两个生命，我的孩子跟别人相比，本来就是有差异的，为什么我一定要逼着他去活成别人的样子呢？

当然，允许孩子有差异，并不代表父母可以不作为，对孩子放任自流，认为他活成什么样子都好，那就成了不负责任。

真正的“承认差异”是指在结果上不苛求孩子和别人一样，而在过程中却始终努力引导和教育孩子。这样做的目的是让孩子明白一句话：“尽人事，听天命！”用尽洪荒之力，让过程更好；用顺其自然的心态，面对结果。

当父母用这样的心态去教育孩子时，孩子就不会那么容易在结果上患得患失，因为他没有感受到来自父母的压力，会更加愿意享受过程。

允许失败

什么叫“允许失败”？就是告诉孩子，你的成长过程本来就不应该是一帆风顺的。

很多家庭教育的逻辑就是创造温室。父母想尽一切办法，帮着孩子清除人生道路上的一切障碍，让孩子“一帆风顺”。为什么我要给这个一帆风顺加上引号呢？因为它是虚假的。没有人会真的一帆风顺，不够强韧的小船，如何抵御未来的风浪呢？

为了不输在起跑线上，早早地教会孩子识字，让孩子学习几门外语，给孩子报各种各样的兴趣培养班；为了让孩子成为精英，不惜一切代价，买最贵的学区房，送孩子上最好的学校；为了让孩子安心学习，在孩子的衣食住行上大包大揽。这些在我看来，都是把父母的个人意志强加在孩子身上，从来没有问过孩子到底需要什么。最后的结果就是，孩子变得没有主见，甚至连基本的生活自理能力都不具备。

真正的允许失败，是学会放手，允许孩子犯错误，给予孩子大胆尝试的机会。让孩子在尝试中犯错，在犯错中总结，在总结中提高，在提高中积累自信和能力。

无限热爱

“无限热爱”是指父母要让孩子意识到，生命本该是一场美丽的体验，这种体验，不全都是由美好的事物组成的，酸甜苦辣咸，也是其中的一部分。

真正的无限热爱是一种“全纳思维”，即接纳自己的一切，无论健康与疾病，无论富有与贫穷，无论开心与难过，无论顺境与逆境。始终告诉自己，我生而为人，我无限热爱自己的生命，我会用心活好每一个当下，相信这一切都是上苍给我的美好体验。

如果你能够承认孩子之间的差异，允许孩子失败，引导孩子感受到生活中的种种美好，全然地接纳自己的每一种状态，孩子自然能够成长为一棵强韧的、蓬勃的、富有生命力的大树。

如何培养男孩的阳刚之气

在做儿童心理咨询时，总会遇到很多性格像女孩的男孩，又会遇到很多性格像男孩的女孩。也有不少家长跟我反馈说自己的儿子太女性化，有点“娘娘腔”，想知道如何让儿子多一些阳刚之气。

心理学家认为，儿童在早期男性观念与行为的获得上，关键的就是通过观察模仿父亲的语言与行为，并接受家庭特别是父亲对其男性化角色的规范影响。然而在竞争日趋激烈的现代社会环境中，许多父亲将越来越多的精力花在工作上，对家庭的事，特别是在孩子的教育方面，投入的精力和时间太少，将此重任一味地推给母亲。所以，在家庭里，母亲的温柔和性别角色正在潜移默化地影响着“龙的传人”，“听话”“不要太顽皮”等评价标准使小小男子汉应有的阳刚之气悄然离去。

也有的家庭，喜欢安静而有序的生活，对孩子的吵闹极为厌烦，小男孩稍有顽皮吵闹就会遭到训斥，长此以往，在母亲的循循善诱下，他会变得和小女孩一样细腻、胆小、依赖性强，习惯于独自安静玩耍。

实际上，对于小男孩而言，父亲既是教育者，又是纪律的执行者、社会化的指导者。所以，要引导小男孩在很多问题上向父亲求教，而不要一味地依赖母亲，如果父母将小男孩健康成长的问题时刻放在心上，就更有利于把男孩培养得更加具有男性所需的性格特点。

要想培养男孩的阳刚之气，父母不妨从以下六个方面入手：

1. 父亲角色不缺席

男人和女人的思维模式、兴趣爱好等是不一样的。就简单地拿宝宝的玩具来说吧，男孩的玩具更多地倾向于汽车、飞机、玩具枪之类，而女孩则更倾向于玩偶、布娃娃等。新的多元化的生活方式正逐步走进现代的家庭，眼下，当全职妈妈已经被越来越多的年轻人所接受时，号称“袋鼠爸爸”的外国新鲜事物也悄悄在我们眼前登陆。

“袋鼠爸爸”是指担当起带孩子的主要职责的父亲。他们绝大部分并没有放弃自己的工作，只是牺牲了自己的休闲娱乐时间，比母亲花更多的时间、精力带孩子。当然，每个国家的国情不一样，人们的观念、意识也不一样，我们不一定要全套学习。但“袋鼠爸爸”现象告诉我们的是，父亲更多地参与教育，可以用男子汉的阳刚之气来影响孩子、熏陶孩子，让他具有男性化的思维方式，思维敏捷的头脑，面对压力不退缩的意志，跌倒、失败时再爬起来的勇气，以及与伙伴合作分享的能力等。

2. 三分天生，七分打造

男子汉既有天生的因素，又有后天打造的因素。从 2 岁开始，家长就要有意识地在一些行为习惯上培养儿子的男子汉气概。比如，当你工作了一天，疲惫地回到家里时，可以对儿子说：“儿子，妈妈累了，能把你的肩膀借我靠一靠吗？”开始的时候，孩子可能不明所以，但会觉得很有意思，就会把头歪向一边，把小小的肩膀凑过来给你靠，说不定还会认真地说：“妈妈，是不是靠在我肩膀上就不累了？”这个时候妈妈就可以回应儿子说：“对啊，我儿子是男子汉了，长大了要保护妈妈。”这样的一些行为就很容易激发男孩保护他人的欲望。

还有的男孩遇事喜欢乱发脾气，一旦养成习惯，遇事就很难控制。要想让孩子学会控制情绪，家长首先要很小心地让自己不在孩子面前乱发脾气。如果某一刻情绪确实不好，家长不妨用像对大人说话的口气跟孩子说：“妈妈现在有点儿不高兴，所以不想说话，可以吗？”这样做，家长会慢慢地冷静下来，把不良情绪化解掉，而不会影响孩子。

3. 让孩子多接触男性化特征比较明显的同伴

孩子的性格在游戏和日常生活中表现得最为明显，这也是纠正不良性格的最佳途径。爱模仿是孩子的一大特点，父母要让性格软弱的孩子经常和大胆勇敢的小伙伴在一起，孩子很容易会将小伙伴的言行举止作为自己模仿的对象，跟着做一些平时不敢做的事情，耳濡目染，慢慢地就能得到锻炼，变得勇敢、坚强起来。

当然，家长也要预防孩子成为“小霸王”，有些家庭几乎事事都给孩子开方便之门，让孩子本能地意识到自己是理所当然的占有者，这样很容易让孩子养成自私、小气的性格，变得霸道。家长应该多让孩子和别的小伙伴一起玩玩具，吃零食时也应该有意识地分享，只给他应得的那份，尽可能地减少他的优越感，让孩子逐渐地意识到，他只是家中的一分子，这样有助于培养他豁达、大度的个性。

4. 维护父亲的形象，妈妈要适时学会示弱

很多家庭中的妈妈比较强势。出于各种原因，妈妈对父亲的批评抱怨比较多。但是在孩子面前，一定要维护父亲的形象。

每个人都有“同比心理”，孩子也一样。当妈妈评判父亲时，父亲的失败形象会让儿子联想到自己。而父亲的形象，是儿子对男人形象最重要的参考对象。一位父亲如果以失败、软弱的形象展现在儿子面前，那么儿子对男人的看法很容易变得消极。

再强势的女性，在家庭中也要学会适时地示弱。父亲的形象在男孩心中越伟大，男孩才会对未来越自信。当然，除此之外，更需要父亲自身有所作为，为儿子的成长提供榜样。

5. 穿衣打扮

男人就应该有个男人的样子，有的父母喜欢把男孩当“妮儿”养，那么孩子长大后也很容易变得女性化。

给男孩穿衣打扮时，应注意让其具有男孩本该拥有的形象。

6. 给孩子树立一个心中伟岸的形象

一个心中没有信仰的人，生活是散乱的。一个心中没有“崇拜的男人形象”的男孩，他的成长过程是不完美的。如果让孩子在生活中有个切合实际的偶像（如果这个人是伟大的父亲会更好），那么男孩从偶像身上学到的，要比父母教的多得多，也更能入心。

妈妈要懂得在儿子面前示弱

如果你家的孩子是男孩，有个很好的方法可以帮助孩子培养自信

心和阳刚之气，那就是妈妈尝试在孩子面前示弱。

有一次我去爬山的时候，遇到一对母子，男孩大概四五岁，妈妈特别担心孩子从台阶上面摔下去，老想牵他的手，可是孩子死活不同意。但是这个妈妈非常聪明，马上来了一招示弱："儿子，妈妈特别担心摔跤，你可以牵着我吗？"

没想到小家伙马上回头牵起了妈妈，还一边下台阶，一边提醒妈妈："不要害怕，有我牵着你。"

你看，妈妈的示弱是男孩最无法抗拒的温柔，因为每一个男孩心目当中都有一个英雄梦啊。

我记得有一次在网上看到一个妈妈分享自己去闺密家做客的经历，开门的是闺密 6 岁的儿子乐乐。一进门，小家伙就给她拿了双拖鞋："阿姨，给你拖鞋，这个是我已经洗干净的。"听到孩子这么说，她当时被惊到了——这么小的孩子就可以做这个了吗？谁知道刚坐下没多久，乐乐妈妈就说了："儿子你看，妈妈来了朋友，你愿意当小主人给我们倒杯茶吗？"

孩子马上放下玩具，很高兴地说："好呀，我要当小主人。"然后就去倒茶了。

没过一会儿，妈妈又说了："儿子，我和阿姨突然间想吃苹果了，你看怎么办呢？"孩子马上说："妈妈，那我帮你们洗吧。"又没过一会儿，乐乐妈妈又说了："哎呀，儿子，你看垃圾桶都满了，可是我不想动，怎么办呢？"孩子马上说："妈妈，那我去倒吧。"

看到这一幕幕，做客的妈妈非常惊讶。在她看来，乐乐妈妈简直就是一个生活不能自理的人，处处要求孩子，而且孩子表现得非常积极，总能够满足妈妈的各种要求。于是，她感叹道："你这儿子也太贴心了吧。"

乐乐妈妈笑了笑，刻意压低声音说：“养儿子嘛，就是要懂得示弱，而且我告诉你，这非常非常管用。”

咱们常说会撒娇的女人最好命。但是我告诉大家，会示弱的妈妈更好命。在养育男孩的过程当中，请大家记住，硬碰硬绝对不是正确的方法，以柔克刚才是王道。在这个世界上从来不缺少能干的妈妈，缺的是能够用示弱的方式引导孩子学习和成长的妈妈。

示弱是一种高级的育儿方法，它是用最温和有爱的方式把成长的机会还给孩子，激发出孩子的责任心和担当意识，进而培养出一个独立能干的孩子。

如果你有个内向的孩子……

内向真的不好吗?

微软前 CEO 鲍尔默评价比尔·盖茨说:“他是一个比较内向的小伙子,不太爱说话,但浑身充满了活力。”在心理学家看来,一个人的性格内向或外向并无优劣之分,只是天性使然。但由于人是无法脱离群体而生存的,导致我们的社会文化对于阳光、积极、善于与人交流的外向性格有一种自然的偏爱。外向性格的孩子常因为开朗活泼的个性受到肯定,而内向性格的孩子却往往会被贴上沉默、孤僻、不合群、没胆量等贬义的标签。

很多孩子具有非常典型的内向性格,他们的行为,让他们在一群嬉闹的孩子中表现得非常格格不入、特立独行,甚至引起家长和老师的关注和担忧。有时候家长和老师并不明白,喜欢安静独处、观察世界,进行想象游戏等并非孩子的缺点,而是他们内向性格的自然表现。因为内向性格的人需要独自思考,并补充自己的精力,他们在安静孤独的环境中,精力充足,幻想的能力会得到提升。当然,一定有家长质疑："一个孩子孤僻不合群，整日胡思乱想，这难道不是很大的问题吗？"

这种质疑，或许代表了大多数教育者和家长的心声。而质疑者常从教育者关爱的角度出发，试图改变内向孩子的性格，尽力帮助他们融入团体。但如果不顾孩子的性格特质而实施这些举措，往往会伤害到孩子的内心，并禁锢他们的想象力和创造力。

我想告诉各位家长的是，一个人性格内向并不是缺点，但如果在成长的过程中，因为性格内向而没有得到足够的肯定与关爱，长大之后，他就很可能会因为无法接纳自我而具有一系列的心理和行为问题。

那么，家长应该如何教育一个内向的孩子呢？

1. 告诉自己，你的孩子是一朵盛开在天山上的雪莲花

大自然之所以美丽，是因为它包罗万象，有的花开放在气候宜人的春天，有的花绽放在寒风瑟瑟的冬天；有开放得热烈奔放的牡丹花，也有绽放得小心翼翼的含羞草；有的天生向阳而生，也有的天生背阴而立；有的生在水中，有的长在沙漠，你能说哪一种明显好过另一种吗？只是它们所需的生长条件不一样而已。把一株玫瑰种在沙漠，它必死无疑；把一棵仙人球泡在水里，它也是生不如死。

所以，所谓外向和内向只是一种人为的定义，用来区分不同的性格而已。不管是外向还是内向，都只是人类性格的一种特点，但绝不可以用优点和缺点来界定。外向和内向，就如同玫瑰和雪莲花，它们没有本质上的好与坏的区别，只是所需的生长环境和条件不一样而已，只要把它们各自放到适合的条件和环境下，都可以绚丽地绽放。可问题就好比是大多数家长一厢情愿地把雪莲花种在了适合玫瑰生长的环境，还总是抱怨雪莲花不开花。

从古至今，内向性格的成功者比比皆是，比如说华盛顿、林肯、拿破仑、俾斯麦、罗斯福、摩根、洛克菲勒、福特、盖茨、巴菲特等。因此，内向不是问题，用错了方法、放错了环境才是问题。

2. 不要总是把内向当成一个负面的标签贴给孩子

很多家长习惯于在人前说自己孩子内向、话少、沉默、不善言谈、不合群等，这就等于直接告诉孩子："我们不喜欢你这种性格，你得改！"过多地给孩子这样的暗示，会强化孩子对于内向的错误认知，他会很讨厌自己的性格，不能正确地认识自己和接纳自己，进而影响孩子自信心的建立。相反，家长应该帮着孩子去认识自己的性格，让孩子明白内向只是一种性格特点，是他身上独有的一种特质，只要把这种特质用对了地方，他就是一个有价值的人。

3. 试着理解内向孩子的心情，包容和认可他的行为

只有家长这样做，孩子才可以完全放松，将真实的自我展现出来，否则孩子就会像一只受了惊的蜗牛，总是把触角缩回去。如果家长和老师能够平静而耐心地审视，就会发现，内向的孩子有着独特的潜力，包括专注力、同理心、观察力、控制情绪的能力、富有个性的想象力和创造力等。请家长朋友们记住一句话：好的教育是因材施教，而不是同质化。

4. 内向的孩子最需要陪伴和倾听

内向的孩子常被认为不合群，也常常因为沉默寡言而成为他人的倾听者。所以，我们常常看到内向的孩子因为无法找到倾听者和陪伴者，喃喃自语或是向心爱的玩具倾诉。但他们的内心其实充溢着天马行空的幻想，更需要向他人倾诉。

所以，对于内向的孩子，家长一定不要急于去表达个人观点，一定要多一些耐心，闭上嘴巴，静静地倾听和陪伴，这是给内向孩子最好的礼物。

5. 重视孩子的想象力

内向的孩子动手能力往往比较强，他们除了用口语表达之外，还有第二种、第三种甚至更多的表达方式。比如说，通过画画、写字、音乐、跳舞等方式表达自己。如果家长能够读懂孩子的这些“言外之意”，无疑会是更好的沟通方式。

因此，当孩子在安静地思考，或者在聚精会神地做一些“无关紧要”的事情的时候，家长千万不要自以为是地上前打断、制止，甚至出言不逊，指责孩子“不务正业”。这些都是抹杀孩子想象力的行为。

最后，我想要告诉大家的是，对内向的孩子而言，“爱”可以解释为“时间”。老师和家长不仅需要花时间成为孩子的陪伴者和倾听者，更需要给予孩子“时间”，然后静等花开。当一个内向的人被迫变得外向的时候，可能会失去自我内心的安宁。只有运用好内向的力量，让心灵成为快乐的源泉，孩子才能更好地接纳外部世界。

帮孩子提升自信心，实现自我超越

自信心到底来自哪里呢？在给大家说出答案之前，先来说说我自己的经历吧。

我小的时候比较内向、腼腆，脸皮特别薄，跟别人讲话经常会脸红，而且因为我身在单亲家庭，骨子里面比较自卑。我后来建立起自信心，是因为发生了一件事情，这件事情对于我后面的性格塑造起到了非常重要的作用。

小时候，我家里还没有通电，我当时有一个非常好的习惯，那就是放学后会第一时间趴在家门口的大石头上把作业做完。所以，到了晚上就特别无聊，和老爸两个人大眼瞪小眼。为了打发时间，最开始老爸会带着我去邻居家串门，但经常去打扰别人也不太好。老爸说："干脆我教你下象棋吧！"一开始我因为好奇，就一下子答应了。但是好景不长，下了一小段时间之后，我发现自己的棋艺没什么长进，而且跟老爸的水平差距那么大，觉得没劲，就不想下了。

老爸一看这样下去也不是办法，就想了一个法子，说："要不你去教你的好朋友和同学下棋吧，把他们都教会，这样你就可以和他们下棋啦。”

我一听，这个提议不错，就答应了。从此，我成为小伙伴们的象棋老师，我是里面下得最好的，成就感特强。为了不让身边的小伙伴们超过我，我又回过头来跟老爸学习，如此往复，我的棋艺有了快速的进步。同时，我也拥有了自信心，我觉得我比身边的小伙伴们做得都好。而且这种自信心是可以传递的，这让我确信我在其他方面也同样可以做得很好，只要我愿意努力。这件事情一直影响了我的整个成长历程。

由于我以上所说的个人经历，再加上这些年和大量孩子的相处，我得出一个结论：一个孩子的自信心来源于他如何看待自己，如何定义自己，也就是说，他会给自己贴上什么样的标签。

有记者采访日本首富孙正义时说：“你能不能跟我们分享一下你成为首富的秘诀？”孙正义想了想说：“最开始时我所拥有的只是毫无根据的自信，仅此而已！”

孙正义通过这句话向我们传递的是一种他对自己能力的确信，他从骨子里面相信自己不会是一个弱小卑微的人，他有能力做好很多事情，这就是他给自己下的定义，或者说给自己贴上的标签。

一个有自信心的孩子会给自己贴上很多正面的标签，比如说，“我很勇敢”“我很自信”“没有什么事情是我做不到的”“长大后，我一定是一个很厉害的人”“我天生就是领导别人的人”“我有能力改变世界”等。

相反，一个没有自信心的孩子通常会给自己贴上很多负面的标签，比如说，“我什么事情都做不好”“我很笨”“我总是拖别人后腿”“我无论怎么努力，都很难超越别人”“我好像走到哪里都不会引起别人的重视”等。

正面的标签，能在关键时候给予孩子正向的力量，不断地给孩子充电；负面的标签，却总是在消耗、透支孩子，让孩子变得虚弱不堪。

想要培养孩子的自信心，就要从改变孩子的自我定义开始。具体应该怎么做呢?

1. 聚焦

很多家长喜欢给孩子报各种各样的兴趣班，尤其是看到身边同龄的孩子都在这样做时，不想让孩子输在起跑线上。这个出发点是非常好的，却不见得是合理的。很多父母恨不得充分利用孩子短暂的童年学会一生所需的技能，认为童年是学习各种事物最快的年龄，错过了就太可惜了。真是这样吗？在我看来，这恰恰是导致很多孩子做什么事情都没有毅力、心浮气躁、眼高手低的原因。

先有广度后有深度，还是先有深度后有广度，这一直是教育界广为争论的一个问题。大家各有各的说法。实际上，在这个问题之前，还有两点我认为是更加重要的，那就是教会孩子做人和树立自信心。我们处于获取各种知识和技能最便捷的时代，没有知识和技能，可以随时开始学习，可如果从小没有建立起自信心，那可能是影响一生的事情。

因此，我建议家长在孩子学习各种知识和技能的时候，一定要先聚焦后发散。一开始学的内容不宜过多，重点是让孩子进入深度学习的状态，遇到问题的时候解决问题，孩子想要放弃的时候鼓励他坚持下去，孩子取得小成就的时候对他表示祝贺，直到孩子熟练地掌握这项知识和技能。如果能够做到比身边大部分同龄孩子都好的话，那就更棒了。

这样做的好处有三点：其一，帮助孩子积累成功的经验，让他深信自己可以做到；其二，培养孩子的毅力，让他明白坚持去做一件事情的意义和重要性；其三，帮助孩子培养良好的学习习惯，这些习惯是会影响孩子一生的。

深度和广度，看似属于两个不同的维度，实际上是可以去平衡的。所以，当孩子在成功地做成一件事情之后，家长完全可以尝试着去延伸孩子学习的广度，我相信孩子凭借之前积累的信心和经验，一定可以把后面的事情做得更好。

当然，家长也完全可以在一件事情上不断地拓展孩子学习的深度，直到达到极致。总而言之，当家长懂得聚焦的时候，就更容易帮助孩子建立起自信心。

2. 让孩子多做事

“我已经帮你调好闹钟了，明天早晨记得准时起床。”“洗澡水帮你调好了，赶紧去冲凉。”“你把自己的学习管好就行啦，其他事情不用你管。”我们经常会听到家长跟孩子讲这样的话。

很多孩子在家里已经到了不做事的地步，家长生怕孩子磕着、碰着、累着。自信源自成就感，不做事怎么会有成就感呢？所以只有通过做事，才能够让孩子确信自己是有能力的。当孩子能够管理自己，能够驾驭周围的环境，能够给别人提供帮助时，他才会更加肯定自己的能力。

所以，不要把孩子当宝贝，而是要当成家庭的一员，既然是家庭的成员，就有义务分担各种家庭事务。父母要经常跟孩子说：“自己把鞋穿好。”“自己把闹钟调好，明天迟到了可没人管你。”“吃完饭花 5 分钟的时间，把自己的房间打扫一下。”“等一下把地扫一下，然后再去做作业好吗？”“马上要开饭了，把碗筷提前摆好。”只有经常给孩子安排任务，孩子才能够通过做事积累能力，从能力中产生自信心。而且这些要求越小年纪提越好，否则等孩子大了，你再想提要求的时候，可能发现已经支使不动了。

3. 关注进步，而不是关注问题

很多父母总是把焦点放在孩子做不好的事情上，试图改变孩子身上的毛病和解决问题，这样做的目的当然是好的，但事情并不只有一种解决方法，比如，你也可以把焦点更多地放在孩子的点滴进步上。如果父母能够养成一个好习惯，坚持每天从孩子身上找到他有所进步的点，然后诚恳地指出来，我相信孩子一定会更感激你。

当父母不断地帮助孩子去发现那个更优秀的自己，无形当中就能让孩子看到自身更多的闪光点，这些都是帮助孩子树立自信心的源泉。

4. 多给予孩子一些做主的机会

让孩子多参与决策，可以培养孩子的责任心和价值感。父母在很多事情上不妨征求一下孩子的意见：“宝贝，明天我们要去参加一个朋友的婚礼，你觉得妈妈穿哪一套衣服更好看？”“家里准备换一台冰箱，儿子，你有没有什么好的建议？”“我们全家要一起出去旅游，这次旅游的行程安排就由你来定，你有什么好点子？”“中秋节我们准备回去看一下你的爷爷奶奶，宝贝，你觉得给他们买点儿什么好呢？”这样做会让孩子感觉自己很重要，而且在参与家庭管理的过程当中，能够锻炼孩子的判断力与做事能力，让孩子进一步肯定自己的价值。

培养孩子的远大志向，让孩子成为“一流的”人

如果你善于观察和分析，你会发现那些毕业于世界一流名校的学生，他们在毕业后不久差距就会拉大，最终甚至有天壤之别。为什么这些曾经的天之骄子最终所取得的成就会有这么大的差距呢？这说明了一个问题：对一个人成长起作用的因素有很多，智力仅仅是其中的一个方面。在我看来，比智力更重要的是一个人的意志力，而比意志力更重要的是一个人对自己的期许，也就是一个人的志向和抱负。

志向和抱负可以说是孩子最有力的一双翅膀，未来孩子能够飞得多高、多远，取决于他的志向是否远大。我们常说“海阔凭鱼跃，天高任鸟飞”，但是如果孩子自己都没有想要在大海里面遨游、在天空中腾飞的雄心壮志，那么即便大海再宽阔、天空再高远，又能怎样？

说到这里，你可能会说，这不就是将孩子培养成有理想的人吗？其实不是。理想一般是指具体的职业，比如说我未来要成为一名艺术

家、一名科学家、一个企业家、一个明星等，但这个对于一个孩子来说是不太现实的。因为孩子在小的时候对职业没有很具体的概念，即便是有，也是非常模糊的。然而志向却不一样，志向更多的是指一个人对自己的期许和定位。我是“一流的”还是“二流的”？是“二流的”还是“不入流的”？是“杰出的”还是“平庸的”？是“厉害的”还是“不厉害的”？你看，这就是一个人对自己的定位和期许。孩子可能不确定未来他会是科学家还是企业家，又或者是别的什么家，但他一定很清晰自己对自己的期许和定位。如果孩子把自己定位成是“一流的”“杰出的”，那么未来在实现理想的道路上，他只需要在“一流的”和“杰出的”后面填空就可以了。“一流的 ____”，在空格中，他可以填上“科学家”，也可以填上“作家”，或者可以填上“艺术家”。总而言之，填什么并不是最重要的，重要的是他把未来的自己定义成了一个“一流的”人，也就是坚信“不管未来做什么，我都是一流的、杰出的、厉害的”，这才是最重要的。

理想是在志向的基础之上孵化出来的，只有在志向的支撑下，理想才不会“掉”下来。因此，对于家长来说，最重要的不是孩子的理想实现阶段，而是在幼年和少年时对于孩子志向的培养，这个阶段培养起来的志向将直接决定孩子人生的规模。

作为父母，要如何培养孩子远大的志向呢？

1. 孩子是站在父母的肩膀上看世界的

说教是不能够培养孩子的远大志向的，一定要靠精神上的榜样，因此，孩子的直接监护人（多数情况下指的是父母）必须心灵充实、志向高远。一个畏畏缩缩的实用主义家长是不可能培养出雄心万丈的子女的。所以，在提高孩子的同时，也要提高自己。孩子是站在你的肩膀之上的，你能有多高，孩子就能够有多高；你能看多远，孩子就能够看多远。你想要让孩子相信成功，最简单的做法就是让自己先成功；你想要让孩子拥有远大的志向，自己先得不能目光短浅，甘居人下。

当然，在培养孩子的远大志向方面，父母光做到自我成长是远远不够的。在这里我想送给所有父母一句话："如果你只是为自己活着，你就不可能有远大的志向。"只有当我们学会为别人而活的时候，才能够拓展自己的志向并影响孩子的志向。

2. 枕堆书册，千秋圣贤并头；扇画山河，一统乾坤在手

在培养孩子远大志向方面，除了父母的示范标榜之外，听名人故事、读名人传记也是一种好办法。比如，小时候当我看到少年周恩来"为中华之崛起而读书"这个故事的时候，就非常受激励，而且到今天一直在影响着我。再比如，诸葛亮作为贤相名臣，不仅智慧超群，还一生廉洁奉公、鞠躬尽瘁，可谓是功在千秋。又比如岳飞，他的爱国情操和宁死不屈的精神，几百多年来一直激励着无数人前赴后继地慷慨报国。好男儿，要在有限的生命里，为祖国的尊严而战斗，要雪洗屈辱。如果孩子从小能够从这样一些人杰身上吸取浩然之气，自然能够树雄心、立大志，胸怀天下，放眼世界。

3. 在家看故事，出门听故事，都不如见人讲故事

在整个做讲师的从业经历中，我深刻地体会到，学习一项知识和技能的最快捷径就是把它教给别人。所以，如果父母能够从小注重培养孩子的演说能力，让孩子把看来的和听来的伟人故事反复说给别人听，甚至做一些公众演讲，就既能提升孩子的自信心，同时又能够帮

孩子树立远大的志向，可以说是一举多得。

在工作中，大家会发现，很多老板在把企业做大了之后都要回过头来学习演讲，这也从侧面反映了演说能力是当今非常重要的一项能力。所以，要从小培养孩子的演说能力。

如何帮孩子克服“怕输”的心理障碍

把输赢看得太重的孩子真的是太多太多了。他们不愿意输，也输不起，只喜欢做自己有把握的事情。如果一件事情没有十足的把握，他们宁可不做，也不想让自己冒风险，不想体验失败，因为他们无法接受被别人打败的事实。

其实这样的孩子内心是特别矛盾的，他们既想体验参与的快乐，想要向人们展示自己，又害怕失败了让自己难堪。所以，他们总是在犹豫、徘徊，殊不知很多快乐、很多宝贵的机会就这样与他们擦肩而过了。

他们经常给自己找的一个理由就是：“我还没有准备好。”或者言不由衷地说：“我对这个根本就不感兴趣。”其实他们比谁都想参与，只是永远过不了自己那一关。

大家一定不要小看了怕输心理对一个人一生的影响。它会像一个牢笼，紧紧地困住你的一生。所以，从小教会孩子正确地看待输赢是非常重要的。

那我们应该怎么做呢？大家可以通过言语或亲自示范把以下四个观念灌输给孩子。

1. 输是人生的常态

人类能够进化到今天，是因为一直在遵从物竞天择的原则，所以我们的竞争意识与生俱来。比如说，很多小动物一生下来就开始与兄弟姐妹争宠、争食物、争空间。有竞争就会有输赢，而且赢的永远是少数，输的才是多数。

你可能会说这个事实好像我们大人都懂，那为什么我们还这么在乎输赢？

因为我们儿时形成的观念已经固化太久了，改变并不是说说就可以实现的。这也就是为什么我们要反复强调在早期给孩子植入正确的输赢观。

想要让孩子对这个观念有深刻的体会，家长可以从以下两个方面入手：

（1）少做横向比较，多做纵向比较。

少拿孩子与别人比较，不要动不动就以名次说话："你看人家是第几名，你是第几名？你什么时候能够赶得上人家？"哪怕你的孩子是班级里面的第一名，也请你少拿名次说话。那样的话会让孩子过度看重输赢。家长应该多引导孩子关注自身的进步与成长。在同样一件事情上，他有没有比之前做得更好？好在哪里？让孩子体验努力进步带来的快乐。

（2）多让孩子走进人们的日常。

每一部成功史的背后都是一部辛酸史。多数情况下，人们只看到了成功，却忽视了成功之前的 N 次失败。所以，父母要让孩子早一点知道这个事实。比如说，可以让他多看一些名人传记；给他讲一些发生在身边的真实励志故事；如果父母自身的拼搏本身就极具教育意义，那么不妨多和孩子聊聊自己的经历。

听得多了，看得多了，孩子自然而然就会明白：要想赢，得先有输的勇气。

2. 每个人都会经历失败，失败没什么大不了的

给孩子讲再多大道理，都不如让孩子从头到尾经历一遍。比如说，孩子努力了 2 个小时都没有完成一张拼图。在这个过程中他可能尝试了很多次，一次又一次地满怀希望，却一次次地遭遇失败。这个时候你的鼓励和引导就非常重要。如果最终在他的努力或者你们共同的努力下成功了，这样的经历对他的影响比什么都有说服力。他会自己总结出“每个人都会经历失败，失败没什么大不了的”这样的道理。

一位妈妈曾经分享过一段和女儿之间的经历。她说：“我女儿小时候连最简单的积木都不敢玩。我觉得好奇怪，观察之后，我发现是因为我玩得太好了，她心里面想：‘我可搭不了这么好，那我就干脆不碰它。’”

意识到了这一点之后，她开始尝试在女儿面前“示范”失败。她说：“我在搭的时候会故意搭歪，然后‘啪’把桥弄倒了。这个时候，我女儿的眼睛就会忽然发亮。”

后来她还把方法告诉了丈夫，丈夫也如法炮制，表演了“同样的失败”。从此以后，不敢搭积木这个问题在女儿身上就消失了。

所以，我们要通过帮助孩子克服害怕失败的心理，让孩子多品尝成功带来的喜悦。在这个过程中，父母的示范也能够起到非常好的

作用。

比如说，上面例子中的妈妈就用自己的行动告诉女儿：“失败没有什么大不了的，每个人都会犯错。”这给了女儿最大的勇气。

3. 敢于尝试就很了不起了，哪怕不成功

在《朗读者》节目中，姚明分享了一段往事。

2000年悉尼奥运会前夕，运动员宿舍楼里忽然传出一阵撕心裂肺的哭声，原来，有一位运动员在最后一刻输掉了比赛。

姚明听到哭声，在内心感慨：“他们付出了同样多的代价、同样多的心血，他们是失败者吗？不，不是的。”

“体育本身就是竞争，每一个人的成功都意味着无数人被淘汰或失败。”

那一刻，他意识到失败和胜利同样具有价值。正是这样的一种信念，伴随着他熬过了人生很多困难的时刻。

作为运动员，身体上的伤患不计其数，而康复过程中带来的心理压力则成为运动员最难跨过的坎。姚明说：

“一旦受过伤之后，实际上那里是有一个记忆的，当我们再去重复这个动作的时候，心里边会有一个阴影。”

“这是我们最最最最痛苦的地方。”

而最让姚明感到绝望的是最后一次受伤——他的左脚第三次应力性骨折，这一次，姚明清楚地知道，自己再也无法完全恢复了。

于是，他坦然地选择了退役，并以其他方式继续投入到热爱的篮球事业当中。

特奥会运动员誓词中有一句话：“让我去获胜，如果不能获胜，让我勇敢去尝试。”这是姚明非常喜欢的一句话，他也用自己的经历践行

了这句话。

所以，姚明的经历值得你分享给孩子，我想这就是最好的教材。

4. 学会与失败共处，才能迎接成功

失败，是孩子人生中必不可少的经历。孩子需要早早明白，坦然接受失败，甚至学会敬畏失败，在失败中总结经验和教训，才能奋力前行，向自己心中的终点进发。

我们要教会孩子如何归因和再接再厉，可以从以下两方面入手：

（1）教会孩子用“积极”归因失败。

积极心理学之父马丁·塞利格曼在他的心理学著作《教出乐观的孩子》这本书中强调：“当我们把糟糕的经历归因为‘永久性’‘普遍性’和‘个人化’的时候，那么就很容易使孩子形成悲观的思维方式。”

于是，塞利格曼提出了“习得性乐观”的概念，就是帮助孩子把挫折归因为“暂时性”“特殊性”和“非个人化”的，让孩子在挫折中学会乐观的思维方式，这样可以帮助孩子更快地从挫折中走出来，并且有所收获。

比如说，你的儿子在幼儿园尿床了，这让他非常沮丧，回到家依然哭个不停。这个时候，你就可以尝试用马丁·塞利格曼的方式来安慰他：

“宝贝，你现在 3 岁半了，虽然有时还尿床，但等你再长大一些，就不会再尿床了。”（强调暂时性）

“而且，你一直都表现得很好，只是偶尔不小心尿了一次，对不对？”（强调特殊性）

接着你还可以问他：“幼儿园里还有其他小朋友尿床吗？”（强调

非个人化）

这个时候孩子可能会说：“昨天明明也尿床了。”

你看，运用塞利格曼的“习得性乐观”概念，我们用积极的归因降低了挫败感对孩子的影响，帮助孩子从挫折中走了出来。

（2）引导孩子对失败进行反击。

当孩子遭遇失败的时候，你要引导孩子学会总结和思考，要向失败发起反攻。你可以引导孩子独立去思考方法，也可以和孩子一起寻找解决方案。

我们还是以拼图为例，你可以引导孩子思考：

我为什么没有成功呢？是不是我忽视了某一个细节？如果我换一种方式，会不会更好呢？

如果发现难度对孩子来说确实有点大，我们也可以在关键的一两步上稍微提示一下。只要你在不断地给孩子输入信心，那么最终他就一定可以品尝到成功的果实。

你也可以借此让孩子明白，没有任何一种成功能够轻易获得，多数人并不是被困难打败了，而是被想象中的失败吓退了。

情绪引导：

陪孩子走过叛逆期

所谓叛逆期，只是孩子的“成长爆发期”

只要一提起“叛逆”这个词，大多数人的本能反应就是想到了青春期的孩子。在这个阶段，很多家长会明显感觉到孩子没有以前那么容易相处了，就像有一道墙生硬地横在了自己和孩子之间。一夜之间，两人由无话不谈的好友变成了最熟悉的陌生人。有时候孩子还会做出一些让家长非常焦虑的事情，比如早恋、逃学、抽烟、喝酒，甚至是夜不归宿等。基于以上原因，“叛逆”在家长那里被定义成了一个不好的代名词。

曾经的我对“叛逆”的理解和家长们是完全一样的，但是在和大量的青春期孩子相处之后，我才发现，“叛逆”是我们成人对孩子最大的误解。所以，我常跟家长朋友们讲一句话：“因为不懂，所以妖魔化！”这就好比我们的祖先不明白为什么会打雷下雨，为了寻求一个合理的解释，于是认为一定是神灵在暗中操作。

妖魔化孩子的叛逆期，对孩子来说显然是不公平的。其实所谓叛逆期，严格意义上来说，是指孩子生理和心理成长的一个爆发期。也就是说，在这一个阶段，孩子无论是生理还是心理方面的变化都非常快，快到让我们措手不及，让事先没有充分准备的家长陷入焦虑。

所以，我给大家的第一条建议就是，从现在开始，把“叛逆”这个词从你的词典里面“擦除”掉，然后换成“成长爆发期”，告诉自己，那只是孩子成长的一个爆发期。从今往后，要试着多去了解孩子，进而帮助孩子顺利地度过这个阶段。

很多父母都认为孩子的叛逆期会在初中或者高中出现，而且只有那么一次。其实不然，准确来说，孩子在成长的过程中至少会经历三次爆发期，第一次是在孩子 2 岁到 3 岁左右；第二次是在孩子 7 岁到 9 岁左右；第三次是在孩子 12 岁到 15 岁左右。当然，这并不是绝对的，在个别孩子身上会或早或晚地出现。

我们这里只说孩子的第一次叛逆期，因为它为孩子性格的形成奠定了基础。那么如何陪孩子走过第一次叛逆期呢？

孩子在2岁左右的时候，自我意识开始变得强烈，会从以前的“小乖乖”“小可爱”变成一个令人无可奈何的“小魔王”，凡事总喜欢说“不”，总会用“不”字来回应家长的各种要求和指令。比如，“不吃饭”“不睡觉”“不冲凉”“不听话”等。而且这个阶段的孩子虽然有了强烈的自我意识，但在与人交往中，很多想法不知道如何表达，比如当别人抢他玩具时，情急之下，他会大哭或者做出拳打脚踢的动作。究其原因，一方面，是因为他处在手脚敏感期；另一方面，是因为他不知道该如何正确表达，慌乱中本能地做出一些反应。

那么，父母该如何管教这个时期的孩子呢？

1. 不要处处太民主

很多家长似乎很民主，凡事都喜欢用商量的口气，比如，“宝宝，我们去吃饭好不好？”“宝宝，我们一起刷牙好不好？”

在这种情况下，孩子大都会回答“不好”，或者进行无声的抗拒。

我建议有事可以直接说，比如，“宝宝，过来吃饭了！”“宝宝，我们刷牙去。”这样反而会起到更好的效果。

2. 学会让孩子做选择

在你能够接受的范围内，给他两个选择。比如，“你想吃馒头还是米饭？”“你要在家里面玩还是到外面玩？”有时候孩子会给出额外的答案，那你就明确告诉他，这不在选择的范围内，然后严肃地重复一遍自己的问题。

多数情况下，孩子都会根据你的范围来选择，因为孩子其实很聪明。这样做的好处，一方面让孩子觉得你非常尊重他，他有自己选择的权利；另一方面，又可以给予孩子很好的引导。

3. 不要总是用命令的口气交流

比如，很多家长经常会说：“不许躺在地上！”其实你可以直接说：“宝宝，你应该站起来！”这样他会更乐意接受。这个阶段的孩子，学习和模仿能力是非常强的。家长粗暴，孩子就会跟着学习你的粗暴，最终结果就是“以暴制暴”。

4. 给予孩子做准备的时间

很多家长觉得孩子太小，不需要有自己的主张，只要完全听从家长的安排就对了，这其实是非常家长主义的。孩子虽然是以玩为主，但那也是他的“工作”，如果在玩的过程中，你给他发出指令，并且要求他马上去完成你的要求，这是非常不尊重孩子的行为。

我们应该给予孩子做出反应和准备的时间，比如，家长可以把原先的“宝宝，停下来，我们要回家吃饭了”改为“宝宝，再过 5 分钟，就要回家吃饭了哟”，这样既不会突然切断孩子的体验，又能够让孩子更乐于接受。

5. 让更多的人参与孩子的成长

每个人都有自己的行为规则和相处模式。孩子在和不同的人接触的过程中，会学习到不同的相处模式和行为规则，这能让孩子明白什么是规则、什么是规矩。这个时期建立起来的行为准则和规则的框架，其作用就是帮助孩子逐步地建立自我。孩子成长的过程，就是与父母逐渐分离，最终形成自我的过程。

如何与叛逆期的孩子相处

在与孩子“斗智斗勇”的过程中，大家一定对孩子的以下表现感同深受：

越大越不愿意和父母沟通；

总是嫌弃父母唠叨；

对父母特别厌烦；

喜欢与父母顶嘴；

事事对着干；

脾气越发暴躁；

成天沉浸在手机和游戏中；

不喜欢搭理人。

正是孩子的这些表现，让很多父母难以理解和接受，焦虑不堪。

为什么孩子会这样呢？

其实不少孩子不仅有反抗、暴躁、自闭的症状，还有心理上的问题。有数据显示，全国有 3000 万 17 岁以下的儿童和青少年受到情绪障碍和心理行为问题的困扰，其中，中小学生心理障碍患病率为21.6%～32%。

这些心理问题是什么原因造成的呢？很多人认为，这是因为孩子处于叛逆期。

我在前文说过，所谓叛逆期，只是孩子的成长爆发期。为什么我会把青春期称为成长爆发期？就是因为在这个阶段孩子的身心飞速发展，身体的发育带给他们一种“成人感”，这其实是一种假象，但就是这种假象让孩子迫切地希望自己承担成年人的角色，拥有成年人的权利。

这个时候，孩子开始思考人生的意义了，虽然这种思考是比较肤浅的，甚至只是偶尔想一想，但已经开始困扰他们——我是谁？我是什么样的人？生活的意义是什么？

这样一些问题，常常困扰着他们，不断引起他们心理和情绪上的波动。

有时候，他们对生活充满了信心，感到未来一片光明；有时候，他们又感到特别无聊、苦闷、焦躁，觉得生活没有意思。虽然身体的发育让他们有了“成人感”，但是大脑和心理的发育往往是滞后的，导致孩子难以理性面对身心的变化，面对莫名的情绪波动，缺少有效的自我疏导。

而很多父母并不清楚青春期孩子的这些心理发展特点，对孩子也缺乏足够的理解，反而常常觉得孩子不听话、不懂事。甚至不顾孩子的感受，一味地要求孩子努力学习。他们与孩子之间缺乏有效沟通，不能及时帮助孩子疏导情绪，从而导致孩子身上出现心理问题。

青春期孩子三个主要心理发展特点

青春期是人生全面发展的高峰期，是自我意识迅速发展的重要时期，处于这个阶段的孩子有三个主要的心理发展特点：

1. 强烈的独立意识

他们已经能够完全意识到自己是一个独立的个体，意识到自己有做决定的权利和需求，希望不再依赖父母，脱离幼稚。孩子实现自我独立的愿望日渐强烈，他们想要自己安排学习和生活，脱离父母的掌控。

2. 自尊心明显增强

进入青春期后，孩子感到自己已经长大成人了，有强烈的成人感和独立意识。想要做独立的自己，希望别人把自己当作成人来看待，渴望得到尊重和信任。这些都是这个阶段特别重要的心理倾向，如果父母还把他们当作小屁孩，他们会非常愤怒。

3. 强烈的自我关切意识

青春期的孩子，生理发育迅猛，自我觉察的意识也在增强。孩子会不自觉地关注自己的生理状况，如身高、体重、体态等。同时还会关注自己的心理发展，如兴趣、能力、性格等，以及自己与他人的关系，与周边人的相处模式，在集体中的位置和作用等。

孩子是如何认识自己的

这个阶段的孩子，常常会从以下几个方面来认知自己、确认自己：

一是别人对他们的评价。孩子会根据别人对他们的评价来认识自己。父母、老师、同伴的评价都会对其自我认知产生影响。

二是与自己相当的人进行对比。孩子会通过与自己相当的人进行对比来认识自己、确认自己。

三是通过自我分析来认识自己。孩子的心中也有一个理想的自己，他们会分析现实中的自己与理想中的自己存在哪些差距和矛盾，这些差距和矛盾会推动孩子的自我意识不断发展。

青春期孩子的一个最大的特点就是在不断地寻找自我认同感。说得通俗易懂一点，就是想尽一切法子让自己爱上自己。如果能爱上自己，他们的身心就平衡了、愉悦了，反之，就会出现各种糟糕的情绪和行为表现。在这个阶段，父母的理解和接纳是非常关键的。

那么，父母如何做才能够帮助孩子找到自我认同呢？

1. 放下期待，让孩子做自己

父母对孩子有期待，这是好事情，但是不能一厢情愿，不能强迫。孩子是一个独立的个体，你不能够绑架孩子，要求孩子完全按照你的想法成长，你需要尊重孩子身心发展的规律和需求，也就是说，你要尽量放下期待，让孩子做自己。

当你与孩子的意见不合时，不要第一时间进行反驳或否认。放下自己的经验，认真聆听孩子的声音，在倾听中与孩子建立亲近、信任的关系。当孩子需要信任的心理得到满足，在和谐的亲子关系中得到滋养时，他们就会产生向上之心、向好之心。也就是说，他们的自尊水平会提高，会想要做一个积极向上的人，这才是一个好的苗头，会推动孩子不断地变好。

2. 理解孩子对外表的注重

青春期的孩子，生理发展特别迅速，第二性征开始显露，激素分泌也在增加。在这个时期，他们的自我关切意识明显增强，会格外地关注外表。比如，处于青春期的女孩，对于自己的长相、皮肤、胖瘦、穿什么样的衣服好看特别敏感。女生会因为自己肤色不好、脸上的青春痘而烦恼、焦虑、不自信；男生则会对自己的身高、体形、肌肉等十分留意，特别在意自我外在形象。

很多父母不了解这些，以为孩子走了歪路，不做正经事，对孩子各种挖苦打击，想通过这样的方式让孩子回到正轨。然而事实是，父母越不理解和接纳孩子，孩子越要对着干。所以，父母想要与青春期孩子顺畅沟通，让孩子积极配合，首先要做的就是了解孩子的自我心理发展的特点，了解孩子独立意识的需求，理解孩子对自己的认知、评价和看法等。

3. 及时给予肯定

父母需要留心观察孩子，在孩子有一点点进步的时候，及时给予肯定。而不是以自己的期待为标准，贬低、数落孩子。孩子的成长，除了物质营养以外，也需要足够的心理营养。父母要多肯定孩子，多说一些赞美孩子的话，帮助孩子建立积极的自我形象，认可自我。

4. 关注孩子的自我存在感

很多父母对孩子过度关注，细心安排好孩子的一切，几乎把孩子的生活架空，使得孩子只剩下学习。这样的做法，看似为孩子好，实则把孩子排除在了真实的生活之外。随着年龄增长，孩子感受不到生活的乐趣，感受不到自己存在的意义。孩子会认为自己努力学习只是为了父母，他们发现，只要自己不做作业，妈妈马上发脾气，一做作业，妈妈就开心，而内心的独立意识却与日俱增。为了证明自己的存在，为了被尊重，孩子会在内心与父母对抗。

看到这里大家可能还有些疑惑：怎样才算是关注孩子的自我存在感？自我存在感到底是一个什么东西，长什么样子？

举几个例子大家就明白了，我们都听过像“大学不恋爱，遗憾毁终身”“人生一定要来一场说走就走的旅行”“生活不只是苟且，还有诗和远方”之类的话，也就是说，在人生的每个阶段，我们都会想着去探寻生活本身之外的某些领域。青春期的孩子也一样，他们也在追求生活的丰富性和多样性。如果父母一味地用学习填满孩子的生活，那么这样的生活对他们来说是多么地干瘪、单调、乏味！想想我们自己小时候，或许你会多些感同身受。我相信即便是现在，你也依然想要追求生活的丰富性和多样性，哪怕你已经被生活磨得没了棱角，被耗尽了激情和斗志。

所以，关注孩子的自我存在感，就是当孩子对学习之外的某些事物充满好奇，想要尝试的时候，父母能够多些理解和支持，而不是简单粗暴地给孩子扣上一顶“不务正业”的帽子，斩断孩子与学习之外的一切联系。

5. 多与孩子进行书信来往

我建议大家给年龄较小的孩子写小字条，把当天孩子身上值得肯定的某些行为和表现记录下来，然后拿给孩子。当然，也可以把写小字条改成口头嘉许，在睡前、饭后，或者其他与孩子独处的时间进行。形式可以因人而异，对于那些善于表达的父母，就可以多用口头嘉许。当然，也可以偶尔换成小字条，增加新鲜感；而对于那些不太善于表达的父母，就可以以小字条的形式表达。

当孩子进入青春期之后，大家会发现，与孩子的沟通不再像以前那么顺畅，因为孩子有了强烈的独立意识，试图挣脱父母，这种情况下，如果还拿小时候的那一套与他们相处，孩子会很排斥。面对这样的情况，我就建议大家多与孩子进行书信来往。父母可以把想对孩子说的话写在里面，不过内容还是非常重要的，如果父母不加注意，只是把当面跟孩子沟通的内容搬进书信里，满嘴的爱，却表现得面目狰狞，就毫无意义了。

所以，大家在与孩子书信来往时，应该结合青春期孩子的心理特点，将焦点放在帮助孩子形成自我认同上。这就需要父母多嘉许孩子的可取之处，让孩子感受到父母对他们的关注和肯定。

6. 如果条件允许，多带孩子看世界

孩子的成长，和成年人一样，心境需要滋养。父母在条件允许的情况下，多带孩子去看看外面的世界，引导孩子了解这个世界的神奇与有趣，在这个过程中帮助孩子树立自己的人生目标。

即便家庭经济条件不好，无法经常带孩子去看世界，也可以让孩子通过阅读书籍来了解外面的世界，了解更广阔的天空。另外，书籍还可以引领孩子进入脚步无法到达的地方和领域。但不管以何种形式了解世界，终极目的都是开阔孩子的眼界和心胸。有一句话说得好：“走出去，世界就在你的眼前；走不出去，眼前就是你的世界。”所以，多带孩子去看世界。

你还可以带孩子参加夏令营、冬令营，这在我看来是每个孩子必上的一堂课，可以引导孩子探索自己的内心世界及外在世界。优质的夏令营、冬令营，可以引导孩子正确认识自己，完善自己，规划自己，同时还能够增强其社交能力，培养他们同外界的连接力。

抓住孩子发脾气的机会

有很多家长问我如何管教爱发脾气的孩子，言外之意就是“怎么样能够让我孩子不发脾气”。

我想先问大家几个问题：这个世界上有从来不发脾气的人吗？发脾气只有坏处吗？每次孩子发脾气的时候，你有没有静下心来了解发脾气背后的真相？

当你能够想明白这几个问题的时候，你要的答案自然就有了。

孩子发脾气的根源是什么

大家不妨想一下，人通常在什么情况下会发脾气？无外乎两种：一是故意为之，说白了，就是为了达到某种目的，为了保护自己的权益，满足自己的需求；二是被激怒了，在感觉无力的情况下，通过发脾气来疏解情绪。前者是一种手段、一种工具，后者则更多的是一种无能的表现。

今天我们重点来探讨后者。大家不妨思考一下，我们在面对自己能够轻松搞定的问题时会不会轻易发脾气？其实大家心知肚明，所以问题的真相就是，我们在面对搞不定的问题时才会发脾气。这也印证了一句话：发脾气其实是对自己无能的愤怒。儿童教育专家金伯利·布雷恩在《你就是孩子最好的玩具》当中也提道：“孩子任性、发脾气，是因为他们的生理和情感的发育超过了自身的沟通能力。”

其实这些都阐述了一个道理：孩子之所以会经常发脾气，是因为他们解决问题的能力还有待提高。这是每个家长必须意识到的问题。家长如何看待问题，将会直接决定如何解决问题。当有了这个观念以后，父母就不会再把焦点放在压制孩子的情绪上面，而是想着如何提升孩子解决问题的能力。

如何引导孩子提升解决问题的能力

在孩子发脾气的时候，父母到底如何引导，才能够提升孩子解决问题的能力呢？

在我看来，一个人的能力是由三个层面决定的，从上到下分别是认知层面、情绪管理层面和行为层面，而且这三者是从上到下依次影响的。

认知层面，刚才我们已经讲过，就是一个人看待问题的角度、深度与高度。比如说有两个妈妈，一个妈妈认为孩子发脾气是无理取闹，另一个妈妈意识到孩子发脾气是因为自身解决问题的能力还不够，这两个妈妈对同一个问题的认知就完全不同。

至于情绪管理层面和行为层面，都比较好理解，我就不详细介绍了。我们重点谈一下当孩子发脾气的时候，父母应该如何围绕这三个层面对孩子加以引导，进而提升其解决问题的能力。

举个例子，一个妈妈带着孩子去超市，孩子看上某个玩具，缠着妈妈给他买，被妈妈拒绝之后，就躺到地上，又哭又闹。这种情况下常见的处理方式无非有三种：一是拗不过孩子，妈妈妥协了；二是上去收拾孩子一顿，最后孩子服软了；三是掉头就走，不惯着孩子。

第一种情况，孩子以后发脾气的次数肯定会越来越多，因为他已经吃定父母了，发脾气成了他搞定父母的手段。

第二种情况是给孩子做了一个非常不好的错误示范，会把孩子引向两个极端：孩子要么变成以暴制暴的狮子，要么变成压抑自己真实需求的绵羊。

第三种情况，虽然父母看起来很有原则，但实际上没有照顾到孩子的情绪，容易让孩子感觉自己很不重要。同时，由于没有教会孩子如何正确地表达诉求以及解决问题，下次孩子还是不太清楚该怎么做。

那正确的做法应该是怎样的呢？

当孩子发脾气的时候，父母首先要意识到，每个人都有发脾气的权利，而且你还要把这个观念传递给孩子，让孩子明白：你可以随时发脾气，这是没有问题的，但是发脾气时请不要伤及身边的人、事、物。

当父母升级了这个观念之后，就不会轻易地被孩子的坏脾气所引爆，而是心平气和地和孩子沟通。你可以给他一点时间，让他通过发脾气来排解内在的情绪。之后，你可以把焦点放在引导孩子提升解决问题的能力上。

四个步骤引导孩子解决问题

如何引导孩子提升解决问题的能力呢？请记住四个步骤：

（1）接纳。

（2）共情。

（3）解释。

（4）指引。

首先是接纳，就是接纳孩子此时此刻的情绪。我们可以这样说："你如果不开心，想发脾气，那是你的权利，妈妈能理解。"怎样说不是最重要的，重要的是父母让孩子意识到每个人都有发火的权利。

所谓共情就是描述孩子当下的感受和渴望。你可以这样说："我知道你非常喜欢这个玩具，也特别想买回家，就好比妈妈看到自己喜欢的衣服，也恨不得马上穿到自己身上。刚才妈妈没有答应你，你肯定也非常难过，所以才会发脾气。"这就是共情。说白了，就是站在孩子的角度去想一想他此时此刻的心情是怎样的，然后将他的情绪和感受描述出来。

其实更高境界的共情，可能只是一个拥抱、一份耐心、一次抚摸。就如同微博上的一段话："当孩子有不满、愤怒、悲伤的情绪发生时，他需要的只是你的一个拥抱，不要说教，站在他的角度理解他、支持他、鼓励他，那些大道理，等他的情绪好的时候再去说吧……"

所以，当孩子发脾气的时候，父母要给孩子一点时间处理情绪，在这个过程中多点耐心，静静陪伴，给个拥抱，或者轻抚头发，任何善意的动作都是对他的支持。

再来看第三步解释。所谓解释就是给出自己的理由。你不可能说"因为我是你妈妈，所以我想给你买就买，想不买就不买"，那叫以大欺小，也难以服人。父母最好给出一个合理的解释，比如：“妈妈之所以没有答应你，是因为咱们出门之前已经说好了，这次不买玩具，你也答应了，我们要说到做到。”再比如：“上个礼拜妈妈刚给你买了一个几乎一模一样的玩具，而且家里已经有很多玩具了，所以妈妈觉得没必要再买一个。”大家注意一下，解释这一步也是非常重要的，因为少了这一步，孩子会很容易觉得自己在父母心中不重要，不被重视，父母不爱自己。除此之外，解释还可以帮孩子了解父母的想法，知道父母的底线在哪里，有利于帮助孩子树立规则意识。

再来看第四步指引。所谓指引，顾名思义就是给方向，给选择。

当父母跟孩子解释过了之后，孩子依然不依不饶，继续发脾气，怎么办呢？父母可以说：“如果你还是很难过，想发脾气，也没有关系，但是不能影响周围的人，现在我们可以一起回家。如果你有什么想跟妈妈说的，我也很愿意听。”说完之后一定要沉默一会儿，给孩子一点时间整理自己的情绪，不要指望孩子脸色马上由阴变晴，这是强人所难。如果孩子不想回家，还是发脾气，怎么办？父母可以让孩子自己选择：“我现在要回家。你现在是想和我一起回家呢，还是一个人留在这里？或者说，你希望妈妈带你去别的地方安静一下？”

看到这里，有的父母可能会说：“老师，这种方法根本行不通，我以前不是没有试过，孩子完全油盐不进，最快的方式就是打骂一顿。”

我相信很多父母确实按照我说的方法做过，但并没有获得自己想要的结果。可是我想问大家：你坚持过多少次呢？你是发自内心地想要通过这种方式提升孩子的情绪管理能力，还是功利地把它当成工具，用来操纵孩子呢？如果孩子从小被宠到大，你认为你改变了与他的相处模式后，他就会马上改变吗？

所以说，不是这种方式没用，而是每个家庭的状况不一样，父母需要通过长时间的坚持，形成一种新的、正确的、稳定的与孩子相处的模式。在这个过程中必然会充满困难，但只要父母不放弃，孩子就一定会重回正轨。

还有一点需要注意，那就是等孩子平静下来之后的指引。很多父母常常会犯一个错误，就是希望孩子当场就意识到自己的错误，然后做出改变。这怎么可能呢？我们都有跟别人吵架的经历，试问一下，你能够做到还在气头上时就很深刻地意识到自己的问题吗？你作为成年人都常常控制不住情绪，为什么要苛责孩子呢？

所以，父母最好在事后再给孩子上一课，因为这个时候孩子最容易听得进去，我把它称为“事后指引”。比如，你可以说：“儿子，昨天看到你在超市里面发那么大脾气，哭得那么伤心，妈妈挺心疼的。我知道你真的很喜欢那个玩具，妈妈也特别希望满足你的所有愿望，可是那样是不对的，因为我们要做一个有原则的人。妈妈相信通过昨天的事情，你也会有很多收获，同时我想告诉你，以后再遇到类似的事情，你要明白，生气、发火是解决不了任何问题的，因为除了妈妈和爸爸之外，没有人会迁就你，你越是生气越不能心想事成。所以，你要学会沟通，要试着把你的想法和需求心平气和地说出来，这样别人才会愿意配合你。”

大家试想一下，这段话如果放在事发当时说，孩子能听得进去吗？所以事后指引是非常重要的。

以上四个步骤全部讲完了，我认为已经讲得非常详细了，但是有些事情只能意会，不能言传，希望大家多多思考，灵活运用。

如何让叛逆的孩子爱上学习

有一位妈妈找到我，说自己读高一的儿子已经辍学在家半年了，天天打游戏，看网络小说。半年的时间里，孩子几乎没有出过家门，头发一个礼拜都不洗，房间的窗帘几乎很少打开，整天一个人待在昏暗的环境里，精神非常颓废，每天都是一副睡不醒、病恹恹的样子，感觉像要发霉了。

这位妈妈非常着急，每次主动找孩子谈心，孩子都是一副爱搭不理的样子，有时一言不合，就会摔门把自己关到房间里。

为了让孩子尽快摆脱现状，妈妈甚至对孩子说："你不想读书也可以，你可以出去找朋友玩儿，或者说去学点别的东西。"结果，孩子连跟朋友玩都没有兴趣。

孩子变成这样，妈妈不知道偷偷哭了多少次。其间她也找了学校的老师帮忙做工作，结果老师去了家里，孩子连房门都没有开。最后实在没办法了，她到当地一家医院的心理科找心理医生咨询，结果还是没有达到目的，反而让孩子越来越“叛逆”，越来越不听话，存心跟父母、老师对着干。孩子回到家不跟父母说一句话，开口总是充满火药味。用这位妈妈的话说，“已经入迷了”“很不正常了”“几乎变态了”，把父母急得死去活来。

任何事情的发生都有一定原因，如果我们用心了解孩子“逆反”的原因，然后因势利导，相信每一个孩子都是讲道理的、都是懂事的、都是上进的。

我是如何让这个辍学的男孩重新爱上学习的

我来跟大家分享一下我开导这个孩子的主要经过，希望对大家有些帮助。

先来跟大家说说这个孩子的基本情况：承承（孩子的小名），男孩，17 岁，小学到高一学习成绩一直名列班级前 15 名，从高一下学期开始沉迷手机游戏，看网络小说，甚至晚上熄灯后还在被窝里打着手电筒看小说，仅仅一个学期，学习成绩就掉到班级 40 多名。

父母很着急，给孩子报了不少辅导班，包括心理辅导，想方设法让孩子把学习搞好，结果孩子变得越来越抗拒，最后索性不上学了。

接到这个个案时，说实话，我心里面也是没有底的。所以，第一次跟孩子沟通的时候，我只说了三点：

（1）你妈妈主动找我的（跟孩子坦承，因为每个孩子都不傻，知道我找他是有目的的，如果遮遮掩掩，反而会引起逆反心理）。

（2）我来不是要改变你的，我也不觉得自己 100% 有能力帮到你，我相信你也不认为自己需要别人的帮助。

（3）本来我是不想找你聊的，因为我们没见过面，我又身处异地，沟通起来也很麻烦，但是当我听完你的妈妈对你的介绍之后，有一点触动了我，那就是你和曾经的我很像很像，我相信我们的很多感受都是一样的，所以我才试着跟你沟通一下。当然，决定权在你自己，想聊，咱们就沟通一下；不想聊，就当什么都没有发生。

我也不知道是我说的话触动他了，还是他很久没有跟人聊天了，总之那天他很快回我了。他直接问我："我们哪里很像？你觉得自己很了解我吗？"看到这个孩子发来的内容，你能明显闻到一股火药味，言外之意就是："少跟我来这一套，不用跟我套什么近乎，我跟你不熟！"

我直接回他说："我对你了解很少，只是通过你妈妈的介绍隐约地有一种感觉，你和曾经的我很像。我不知道自己的感觉准不准，但是我曾经也有一段时间和你的状态是一样的。当时很多人都不理解我，他们也不懂我，只是一味地要求我变得更好，可我从来就没有觉得自己很差，我始终认为自己是个人物，我将来一定可以混得很好。我只是需要机会证明自己。所以，我特别讨厌身边人一副什么都懂的样子来要求我，搞得好像我很差一样。"

我曾经的经历

说完之后，没想到他很快就回过来一个大拇指的符号，我一看就知道说到他心里去了。于是我趁热打铁，给他讲了一个我自己的亲身经历。

从小到大我的数学都特别好，成绩一直名列班级前茅。读高一的时候，班主任刚好是数学老师，他特别喜欢我，也经常鼓励我，所以我的成绩就更好了。可是我有一个习惯，就是会提前预习新课程，所以在老师还没有讲到的时候，就已经把后面的一两个章节学完了，这种习惯导致我在课堂上听课不是特别认真，总觉得自己已经会了，久而久之就形成一种认知：如果上课不听讲，还能考高分，那老师肯定会对我更加刮目相看。

我也真的这样做了，结果除了数学之外，其他科目的成绩下滑得很厉害。我知道是因为自己不认真听课导致的，也曾经想过要认真听课，可每当要认真听课的时候，那个错误的认知就会跳出来影响我，所以我内心非常矛盾。

大家都知道高中的学习进度是非常快的，等到自己完全回过神来，发现已经落后别人很多了，这个时候我特别着急，一门心思想要回到过去的水平，可是心急吃不了热豆腐，心态也完全乱了，感觉全世界都在用异样的眼光看自己。当时我的压力非常大，觉得自己对不起老师的期待，觉得同学们都在嘲笑自己，越是这样越想证明自己，越想证明自己越证明不了自己，最后进入恶性循环，也慢慢对自己失去了信心。

那个时候我脑子里面一直有一个想法，要是能够生一场大病，在家里面休息半年该多好，这样的话就不用再面对这些压力了。有的时候甚至表现出对什么都无所谓的样子，就是为了告诉大家，这些我根本都不在乎。但我知道，我其实比谁都在乎。最终带着压力，带着种种复杂的情绪，我参加了高考，结果也可想而知，成绩并不理想。当父亲鼓励我复读一年的时候，我很干脆地拒绝了，因为那是一块伤心地，我巴不得马上逃离。我当时心中只有一个想法：去一个新的地方，重新证明自己！

从热爱学习到自暴自弃

听完我的故事，我能够感觉到孩子跟一开始不一样了，他慢慢地放下自己心中的戒备，愿意试着和我沟通了。后来随着我们之间的交流渐渐深入，他把心中的困惑说了出来。

原来，刚升高中的时候，承承对自己的信心很足，老师也挺喜欢他的，经常会鼓励他，于是他下定决心要努力考进班级前5名。当时他特别努力，当别的同学都在玩的时候，他在学习，课间大家都在休息，他还在学习。原以为努力之后一定会有回报，没有想到期中考试的成绩反倒比之前退步了几个名次。

他虽然很失落，但并没有放弃努力，没想到有一次课间休息，一位同学看到他在学习，就笑着对他说："别学了，都成书呆子了，那么努力也没有见你有多厉害。"说者无心，听者有意啊！当时他受了很大的打击，觉得同学们都在笑他，为了不让大家有笑话自己的机会，他再也没有在课间学习过。但是他一直不甘心，总想找到一次机会证明自己。

有一次语文课上，他做梦都没有想到，老师竟然当着全班同学的面说他上篇作文写得特别棒，说文章里面的故事写得特别有感染力，还说他有成为作家的潜力。用他自己的话说，这件事情就像月光宝盒，仿佛一下子把时间倒回到了初中时代，那个时候他特别喜欢阅读，看了大量的课外书，作文里的那个故事就是在书里面看到的。这让他突然意识到，自己是有这方面优势的，可是随着学习压力的增大，竟然把过去那个自己弄丢了。那一刻他好兴奋，仿佛过去那个自信的自己又回来了，他在心中暗暗发誓，要让那些小看自己的同学刮目相看。

没想到这只是老天爷跟自己开的一个玩笑。因为一门心思想要提高写作水平，他经常利用上课的时间看课外书，晚上甚至拿着手电筒在被子里看书。结果可想而知，白天上课昏昏欲睡，无精打采，成绩一落千丈，最后索性自暴自弃，后来还学着其他同学玩手机游戏，直到辍学回家。

没有一个孩子不想让自己变得优秀

听完这个孩子的陈述，我心里面是蛮同情他的。通过这个孩子的亲身经历，我也希望每一位父母都能够深刻地认识到，这个世界上没有任何一个孩子不想把自己变得优秀。我们眼中的每一个不上进的孩子，都曾经有过努力的时候，只是最后都被失败打败了，或者被身边人异样的眼光打败了，最后在他们认为别无选择的情况下，选择了自暴自弃。

我当时问了他两个问题："这个结果是你想要的吗？如果就这样的话，你甘心吗？"

他说："不甘心又能怎么样？我已经回不到过去了！"

我又问他："你所指的过去是什么样的？"

他考虑了一下说："就是读高中之前的样子。"

我又进一步跟他确认说："是那个成绩在班级前 15 名的自己吗？除了成绩之外，还有别的吗？"

他犹豫了一下说："没有了吧！"

我说："我知道还有，你愿意说出来吗？"

他思考了一下说："好吧，还有就是我觉得自己让高中老师失望了，他们肯定对我已经失去信心了，同学们好像也对我有看法。"

听到孩子这么说，我当时很开心，因为我知道他终于愿意面对真实的自己了。当时我没有跟他继续讲道理，我知道他已经听过太多道理了，我也相信很多道理他都懂，只是"知道"不代表"能做到"，他现在需要的是尝试迈出第一步的勇气。

于是我又接着问他："承承，你说自己回不到过去了，肯定有自己的理由，那你能不能告诉我阻碍你回到过去的拦路石是什么？"

他说："不知道，我也不想知道。"

我说："既然你都不知道，那为什么你会说回不到过去了呢？我可不可以理解为你是想当然的？"

他突然说："我没办法控制自己。"

我追问："没办法控制自己什么？"

他想了半天，回答道："没办法让自己安心学习，还有就是没办法控制自己不去在意老师和同学的看法。"

接着，我试探性地问了他一个问题："你是因为特别在意老师和同学的看法，所以才没办法让自己安心学习的，对吗？你担心努力了之后依然会失败，他们会更加对你有看法，而且你总会忍不住这样想，对吗？"

我记得很清楚，听完我说的，他当时回过来两个字："嗯嗯。"大家知道这两个字意味着什么吗？这是孩子内心里最痛苦的一个点，正是这个点让孩子彻底失去了信心，不敢或者说不愿再去尝试，因为他害怕再次受到伤害。这就好比一座摆在孩子面前的大山，只要这一刻他没有征服它，未来这座山就会永远是孩子的痛。

看到孩子的内心，比关注成绩更重要

我之所以要把与孩子的对话这么详细地呈现给大家，就是希望大家能够明白，每一个人，无论是成人还是孩子，内心里面都承受了很多不能承受之重，这无关年龄。

为什么我一而再，再而三地强调，让大家不用太在乎成绩？凡是了解过冰山理论的都知道，一座冰山真正呈现在水平面之上的只占整体的很小一部分，90% 甚至更多的部分都是藏在水面之下的。我们平

时看到的成绩是靠什么支撑的？靠的是看不见的那一部分，那就是孩子的内心世界，只有当孩子的内心世界足够丰富和强大的时候，才足以长久地让成绩稳定，否则再好的成绩也只是昙花一现。

当找到了孩子内心的真正问题之后，我就朝着这个方向继续深入地引导他，跟他进行了多次对话，慢慢地帮他重新找回了信心。最后他答应我，要重新回到学校。当时我告诉他：“你回不回学校和我没有关系，所以你不需要给我任何交代，你真正需要的是给自己一个交代。如果你真正想好了，就去做吧；如果没有想好，你可以继续保持原状。”

之后，我送给了这个男孩三段话。这三段话，大家也可以送给自己的孩子，帮孩子提高抗挫能力。

（1）没有人会像爸妈一样无限包容你，你要学会管理自己的情绪。心情不好，可以哭出来，但不能把情绪发泄到别人身上，没有人有义务为你的不开心买单，而且发脾气解决不了任何问题。

（2）有时候你努力了也不一定会成功。当你努力了很久后，还是失败了，这也很正常。你能承受多大的失败，就能获得多大的成功。失败并不可怕，更不丢人，不要怕别人嘲笑你，你比那些都不敢尝试的人厉害多了。

（3）不是所有人都喜欢你的。你再好，也不可能让所有人都喜欢你。优秀者的身后永远跟着一帮嫉妒者，如果你把心思放在取悦别人身上，就会丢失真正的自己。

最后我想再解释一句：大家千万不要以为搞定青春期的孩子就这

么简单，我只是把与这个孩子沟通的过程给缩减了，其实从开始到最后，我与他前前后后沟通过 5 次。我把这个案例拿出来跟大家分享，是希望大家能够明白，孩子的所有行为都不是无缘无故的，凡事的发生必有原因。这也充分体现出亲子沟通的重要性，越是善于沟通的父母，越能够走入孩子内心，最终才能让孩子的内心变得强大。

我为什么能够影响这个孩子？并不是因为我比大家聪明，而是因为我自始至终都在试着融入孩子的世界，站在孩子的立场想问题。这看起来很简单，但做起来却很难，因为从小到大我们做得最多的，就是站在自己的角度看问题，用“家长”的权威和孩子对话。所以，大家一定要记住，时刻站在孩子的角度去分析问题、解决问题，让孩子最终爱上学习。

早恋应对五步法：孩子早恋了，父母该怎么办

孩子的早恋现象眼下是越来越常见了。在一些公共场所，时不时地有一些稚嫩的小情侣卿卿我我，旁若无人。

如果被家长发现了，估计孩子少不了挨训，不过对待孩子早恋，家长可不能一训了之。

发现孩子早恋，家长往往会非常痛苦，很多家长在知道孩子早恋之后，要么是一味地着急上火，却束手无策；要么是跟孩子讲道理，或者严厉批评，又或者是强制性地切断两个孩子的联系，甚至对孩子大打出手。

这样做非但解决不了问题，反而有可能引起孩子强烈的反抗，最后反倒推波助澜，让事情变得一发不可收拾。

那家长到底应该如何正确引导孩子呢？应对早恋，我们可以按照五个步骤采取措施，我将之称为“早恋应对五步法”。

第一步，让孩子知道你已经知道了

当家长知道孩子早恋了，你要做的第一步就是，想方设法让孩子

知道你已经知道他早恋了。

很多家长通常会直接问孩子："你是不是在和某某谈恋爱？"这种情况下，得到的回应通常是否定的。看到孩子死活不承认，很多家长会被气得头上直冒烟。这个时候，冲动往往战胜理性，家长会揪住孩子撒谎这个事实反复纠缠，让问题一下子陷入僵局，这是非常不利于解决问题的。

家长在掌握了充分证据的情况下，最好不要直接问孩子，因为这样问的结果显而易见，孩子一上来就被吓到了，多半会否认。即便家长真的问了，孩子矢口否认了，也千万不要在孩子撒谎这个问题上反复纠缠，这没有任何意义。这个时候，家长只需要简单地回应一句："嗯，知道了，其实有喜欢的人也很正常。"然后就此打住，同时观察孩子的反应。

真正会处理问题的家长，在这种情况下通常会坏坏地朝孩子笑一下，让孩子在一种愉悦的氛围中，明白父母已经知道了他的情况，同时给了孩子一个台阶下。

总之，不管你采用何种方式暗示孩子你已经知道了他的情况，都一定不要把氛围搞得特别特别严肃，相反，要营造一种轻松、愉悦的氛围，最好是能开开玩笑就把事情给挑明了。

第二步，向孩子表示恭喜

你可以说："儿子，你能有自己喜欢的女孩，爸妈很高兴，说明你长大了！"当然，这并非鼓励孩子早恋，而是迂回地解决问题。在这种情况下，父母越是以接纳的态度对待孩子，孩子越能够感觉到来自父母的理解和欣赏，他才更愿意向父母袒露心事，你们才能有深入交流的机会。这时，你可以趁热打铁，继续询问对方的情况。你可以说：

“老爸很好奇，她都是哪里吸引了你？”等到孩子讲述了他喜欢的人的特点之后，你要加上一句：“儿子，你真的长大了，爸妈很高兴，但我们还是不太清楚，你打算怎么对待这份感情？”

只要父母以接纳的态度继续和孩子交流，孩子多半会向父母讲述自己的做法。当听到有些不合适的地方的时候，父母可以趁机引导孩子。

如果你的孩子是女孩，你可以趁机告诉她：“女孩子要学会保护自己，绝对不可以和男孩子有亲密的肢体接触，不可以和男孩子单独待在一个房间。”你还要提醒孩子：“孩子，老妈也是怕你吃亏，那男孩子如果真的爱你，他就绝对不会做出伤害你的事。他如果提出过分的要求，那么他感兴趣的就只是你的身体，而不是真正地爱你，那你就一定要远离他。”

如果你的孩子是男孩，你可以提醒孩子：“儿子，你也是男子汉啦。但你知道男子汉最重要的品质是什么吗？是要保护好自己喜欢的女孩。现在你们还太小了，为了不让她受伤，你们不要在身体上有亲密的接触哟。”

总之，在第二步，父母要做的就是以宽容和接纳的态度和孩子进行交流，向孩子传递一个信号：你能遇到自己喜欢的人是一件值得开心的事情，只是你要学着用正确的方式处理两个人之间的感情。出于对自己和对方负责任的目的，你一定要学会自我保护和保护对方，否则我们会很担心你。

第三步，和孩子分享你的恋爱经验

比如，你可以说：“老爸在 15 岁时也喜欢过一个女孩，那种滋味很甜蜜，也很痛苦。”你可以好好讲讲自己的亲身经历，毕竟每个人都有情窦初开的时候。建议你提前组织一下语言，讲得有血有肉，而不是胡编乱造，相信你的孩子一定会听得很投入。最后，你还可以讲一讲自己是如何和孩子的妈妈认识并成立家庭的。通过这种方式让孩子知道：一个人对异性的好感会随着年龄增长而慢慢淡化，那些其实不是真正的爱，只是青春期生理逐渐成熟，造成的心理萌动和一点喜欢而已。

听完你的讲述之后，孩子可能会说："这些道理我都懂，可我就是喜欢他，没办法认真听课，怎么办？"

这个时候，你要进行第四步。

第四步，给予孩子合理可行的指导方案

如果孩子已经管不住自己的心，忍不住想要去交往，此时，你管是管不住的。父母可以进一步了解他们交往的情况，同时给孩子提出交往时间和地点的要求，提供一些交流话题和接触的建议。比如说，在几点钟之前必须回家，不可以单独去某个不合适的地方。还可以引导孩子相互鼓励，分享彼此的兴趣爱好，共同进步。

如果是女孩，一定要明确告诉孩子："一定要保护好自己，绝对不可以和对方发生关系。"这样做，既没有完全压抑孩子的情感，又尽可能地将这件事情对孩子的影响降到最低。随着时间的流逝，他们对彼此的感情也会慢慢地降温，说不定自己就会处理好这段关系。

第五步，自我反省

"凡事预则立，不预则废。"什么意思？就是说事情发生后再去找方法解决永远不是最好的选择。提前预防、未雨绸缪才是最明智的选择。所以，当发现孩子早恋了，家长就要自我反思，是不是平时给予孩子的关心和关注太少，在情感方面冷落了孩子。这也就是为什么单亲家庭或者缺爱的家庭里的孩子早恋的比较多。又或者是不是因为自己平日里疏于管教，孩子在生活和学习上过于松散，导致精力过剩，才会早恋。为了让青春期精力过剩的孩子远离情感困扰，我们可以设法转移孩子的情绪目标，比如，他喜欢打球，就买个篮球送给他，当他沉浸在自己的爱好中的时候，也就不会想着去谈恋爱了。

总而言之，情窦初开是每一个孩子人生的必经阶段。父母应该学会正确看待此事，当问题发生的时候，从容应对，不急不忙。

离异家庭如何给孩子安全感和爱

回老家过春节的时候，从父母那里得知，我的好几个发小都离婚了。其中有位发小在离婚之后，前妻再也没有来看过孩子。孩子不止一次地吵着要妈妈，为了切断孩子的念想，爷爷奶奶只好告诉孩子：“你那个狠心的妈妈都不要你了，有什么好想的？”

发小为了养家，工作特别忙，孩子就留给了老人家。

我从小也是在单亲家庭长大的，看到孩子的处境，心里面特别不是滋味。可能是从小缺乏父母的关爱与鼓励，在我主动上前攀谈的时候，孩子表现得特别胆怯、内向。

爷爷奶奶本来没有什么文化，除了解决孩子的吃喝拉撒之外，只能以老人家特有的方式心疼孩子、可怜孩子，拼了命地对孩子好，想尽一切办法弥补孩子缺失的爱。但亲子关系的建立，又岂是爷爷奶奶可以代替的？对孩子在精神层面的关怀，也并不是一味地“对他好”就能够弥补的。最后，还有可能因为溺爱而弄巧成拙。

毫无疑问，父母离婚会导致孩子心灵遭受创伤，他们缺爱、不自信，也许会让他们的人生轨迹变得不再明朗。

所以，我有一句话要送给各位父母："离婚只是夫妻关系的结束，作为父母的职责却没有改变！"即便是离婚了，如果情况允许，也请尽量给予孩子足够的爱。如果孩子不是由你来抚养，也请你一定多抽时间回去看看孩子，用行动告诉孩子："我一直都在，不管你有没有需要，我们只是没有生活在一个屋檐下而已。"

德国家庭治疗大师海灵格说，不管在什么情况下，孩子都本能地想要得到父母的认同，这种认同中的一个重要含义是"我承认，我是你的孩子"。

苏联著名教育家马卡连柯说："没有父母的爱培养出来的人，往往是有缺陷的人。"

美国的前总统奥巴马也是离异家庭长大的，但他的母亲在这方面做得非常好。

奥巴马出生不久，他的父亲就获得了两个求学机会，一个是纽约新学院大学提供的足够一家三口在纽约生活的优厚奖学金，另一个是去哈佛大学读经济学博士，他父亲毫不犹豫地选择了哈佛。他说："我怎么能拒绝最好的教育呢？"

3 年后，奥巴马的母亲安·邓纳姆提出离婚，而父亲毫不犹豫地同意了。此后，父亲带着一个美国女子去了肯尼亚老家工作。母亲一边带着奥巴马一边求学，生活非常拮据，父亲从未支付过抚养费，对母子俩毫不问津。但是，母亲却从来没有在奥巴马面前说过父亲的坏话。

她每次和奥巴马谈起他的父亲，说的全是优点：聪明、幽默，擅长乐器，有一副好嗓子……她的这种方式收获了很好的结果——她说的这些优点，奥巴马身上都有。

不仅如此，她这样谈论奥巴马的父亲在一定程度上减轻了父母离婚给奥巴马带来的心理冲击，他从中学到了豁达，也学会了如何在糟糕的情形下看到积极的一面。

美国民主党党内初选时，尽管一开始希拉里明显占据上风，并在后来也给奥巴马造成了严重影响，但奥巴马和他的竞选阵营从未乱过阵脚，每次都能化险为夷。奥巴马说："我身上最好的东西都要归功于我的母亲。"虽然他的父母离婚了，但是他的妈妈并没有舍弃他，而是尽己所能将他培养得足够出色。

那么，离异的父母要怎么做才能弥补孩子缺失的爱？

首先要明白，离异不是孩子的错。打算离婚的父母，一定要多为孩子想想，要做好孩子的思想工作，尽量减少对孩子的伤害。如果离婚了，一定不要瞒着孩子，并且要让孩子知道爸爸妈妈以后不在一起了，不是因为他，而是父母之间的感情出了问题。虽然离婚了，但爸爸还是爸爸，妈妈还是妈妈，孩子没有失去父母的爱。

此外，离异的父母一定要记住下面的三个忠告：

1. 放下对前任的怨恨

不要再拿任何一方的过错去惩罚孩子。很多家长喜欢在孩子面前诉说前任的种种不是和累累"罪行"，就像竹筒倒豆子一样，恨不得扒了对方的皮，让孩子见识对方的丑陋嘴脸才解气。殊不知，这样做只会对孩子的心理健康造成严重的伤害，让孩子幼小的心灵对婚姻产生深深的排斥，严重影响孩子未来的婚姻观和择偶观。

当然，如果前任确实深深地伤害了自己，也不用一定要去原谅。我们能够做的，是在孩子面前保持沉默，不发表对前任的任何评价。你和前任之间的事情，请让它仅仅停留在你们二人之间，不要把孩子拉下水。孩子与前任间的亲子关系，交给他们自己处理，你的不干涉、不制止、不打扰，就是对孩子和前任最大的包容。

如果你已经从前一段婚姻的阴影里面走了出来，那么请在孩子面前夸夸前任吧。这样做会给孩子加持能量，让孩子学会爱和理解。

2. 不要把孩子当成报复对方的工具

很多父母在离异后会把孩子据为己有，切断孩子与前任的一切联系，甚至要求孩子就当他的妈妈或爸爸已经死了，连想都不能想。在我看来，这只是一种发泄私愤的行为，是非常自私的。当你这样做的时候，是把个人的得失放在了第一位，也是把孩子当成报复和打击前任的工具。殊不知，这种仇恨的气息会笼罩在家庭上空，会压垮自己和孩子。孩子看到的是一个因仇恨迷失了心智，在感情的泥沼里自暴自弃的失败者。这样的家长又会给孩子树立什么榜样呢?

所以，离异后的家长，最应该做的就是让自己尽快走出这段失败的婚姻带来的阴影，开启自己全新的生活，用实际行动告诉孩子，当一段感情不如意的时候，不要因此而灰心，更不要对感情产生怀疑。

如果你愿意，还可以带着孩子一起真心地祝福前任，希望孩子经常和前任联系。如果前任快要组建新的家庭了，告诉孩子，你的爸爸/妈妈终于找到了能照顾他/她的人了，让我们一起祝福他/她吧。

3. 让孩子明白爱情不是人生的全部

很多离异的家长，由于种种原因没有选择再婚，这是可以理解的。关于这一点，我们一定要让孩子明白：人生除了爱情之外，还有亲情、友情、事业、责任等许多值得追求和珍惜的东西。每个人来到世界上都应该找寻他存在的意义和价值。幸福没有明天，也没有昨天，它不怀念过去，也不向往未来，它只有现在。我们来到这个世界不单纯是为了寻找爱情和婚姻，而是让自己成为更好的人，生命中还有很多美好的东西值得追求。

离异家庭的家长，在很多时候既要当妈妈，又要当爸爸，在与孩子相处时，尤其要讲究采用合适的方法。与普通的家庭相比，我想给单亲家庭的家长以下六点建议：

1. 不要无原则地迁就、溺爱孩子

单亲家庭的家长往往会更加怜悯孩子，一切都依着孩子，宁愿自己受苦受累，也不让孩子受一点“委屈”。结果常常导致孩子处处以我为中心，变成自私、专横和任性的“小霸王”，缺乏同情心和责任感，不懂得尊重他人。因此，面对孩子的问题时要把握好度，要有原则和底线，对孩子不过分迁就、溺爱。

2. 要注意培养孩子的独立意识

许多单亲家长把孩子当作生活中的唯一希望，唯恐孩子出现任何问题。他们对孩子的生活大包大揽，还采取种种办法来限制孩子的活动，这也不行，那也不准，使孩子从小就失去了自己探索世界的机会。孩子没有机会亲自去体验一些生活中必不可少的“风险”，缺乏独立意识，一旦离开了家长，便不知如何面对生活中的困难和挫折了。因此，一定要适当放手，培养孩子的独立意识。

3. 不要采取简单粗暴的教育方式

与特殊照顾和过度保护相反，有的家长教育孩子时过于简单粗暴，动不动就又打又骂，使孩子整日生活在惊恐不安之中，个性发展受到严重压抑，形成胆小、孤僻、倔强、缺乏自信心的性格。这样的孩子，

因害怕惩罚而回避家长，不愿回家，便到外面寻找“温暖”，容易被坏人拉下水而走上犯罪的道路。因此，家长教育孩子切忌简单粗暴，要注意正确引导。

4. 不能把孩子作为唯一的精神支柱

失去配偶之后，许多家长便把孩子作为自己唯一的精神支柱，往往把自己全部的希望、梦想都寄托在孩子身上，要求孩子处处出人头地，特别是在学业上。但如果期望过高，势必导致孩子的心理负担过重。因此，家长要适可而止。

5. 要鼓励孩子参与社会活动

单亲子女往往会受到别人的歧视，因而容易变得内向、忧郁、自卑，甚至孤僻。家长要注意多和孩子进行交流和沟通，重视孩子情感方面的需要，多给孩子提供精神上的支持，鼓励孩子积极参加集体活动，主动与人交往，培养他健康、开朗、乐观的性格。

6. 要注意性别角色教育

在孩子心理成长过程中，性别角色的学习是一个重要的环节。没有父亲的男孩或缺乏母亲陪伴的女孩，在性别角色的学习中缺失了最直接的模仿对象。所以，单亲家长应注意调动亲戚、朋友中的性别资源，给孩子适宜的影响，让其性别角色得到充分的表现和发展。